CYBERPSICOLOGIA

Il rapporto tra la Mente e Internet

Juan Moisés de la Serna

Prefazione

Questo libro si occupa del nuovo ramo chiamato Cyberpsicologia, che studia al modo in cui si è verificato un cambiamento nel rapporto tra persone e tecnologia, analizzando come, giorno per giorno, i nuovi sviluppi influenzano la persona, così come la salute mentale degli utenti. Il tutto è supportato da un'ampia bibliografia sulle ultime ricerche in questo campo.

I social network, Internet e tutti i progressi tecnologici degli ultimi anni hanno cambiato il nostro modo di vedere il mondo e i nostri comportamenti, in molti casi un cambiamento radicale, che non poteva passare inosservato alla Psicologia, la scienza dello studio del comportamento umano.

L'invenzione e la manipolazione di strumenti come l'ascia o l'ago, in primo luogo, e le macchine come l'automobile o il computer, successivamente hanno rivoluzionato il modo di relazionarsi con se stessi e con gli altri.

Per parlare con un familiare o un amico, basta connettersi su Skype e l'altra persona è disponibile, indipendentemente da dove ci si trovi. I progressi tecnologici che si sono verificati negli ultimi decenni sono stati molti e molto rapidi, il che ha costretto le persone, gli utenti di quella tecnologia, ad adattarsi ad essa per trarne vantaggio.

Questo libro illustra come si è verificato questo

cambiamento, e come giorno per giorno, i nuovi sviluppi influenzano la persona, così come la salute mentale degli utenti. Tutto ciò è supportato da un'ampia bibliografia sulle ultime ricerche in questo settore.

Obiettivo:

L'obiettivo del libro propone un primo approccio al ramo emergente della psicologia chiamato Cyberpsicologia.

Per questo, vengono trattati gli argomenti più rilevanti, offrendo risultati sulle ultime ricerche effettuate negli ultimi 2 anni su questo argomento in tutto il mondo.

Il tutto spiegato con un linguaggio chiaro e semplice, lontano dai tecnicismi, che spiega ogni concetto, in modo che possa fungere da vera guida per l'iniziazione.

Destinatari:

- Professionisti della salute che devono affrontare una clinica sempre più complessa, a causa di recenti casi provocati dall'uso e dall'abuso di Internet e delle nuove tecnologie.

- Insegnanti che cercano di stare al passo con i cambiamenti che osservano nei loro studenti.

- Genitori preoccupati per il beneficio o il danno che le nuove tecnologie possono avere nella vita dei loro figli.

- Qualsiasi persona interessata a sapere come la tecnologia sta influenzando la società attuale, trasformando il modo in cui è correlata.

Tema

Successivamente, in dettaglio, tutti i temi principali di questo lavoro:

- Rischi di Internet: dove si analizzano i nuovi fenomeni, le sindromi e i disturbi legati alla tecnologia, che sono sempre più presenti nella clinica

- Opportunità della rete: affrontare il modo in cui stanno cambiando le relazioni sociali, soprattutto i rapporti di lavoro e come prepararsi a questo.

- L'identità digitale e i mondi virtuali: dove si impara a relazionarsi nel mondo virtuale, che a volte può sembrare così lontano da ciò che è noto, ma in cui di solito non ci si comporta come nella realtà, tutto questo sollevato dal punto di vista degli ultimi risultati degli studi ottenuti in tutto il mondo.

- La psicologia dei Social Network: le reti più popolari come Facebook o Twitter, sono diventate una fonte di informazioni che stanno iniziando ad essere analizzate dai ricercatori, questa sezione offre i primi risultati di questi nuovi studi.

- Psicotecnologia: dove si progettano e si implementano i nuovi strumenti volti a migliorare sia la diagnosi che il trattamento di diverse psicopatologie. Ciò include, per esempio, l'uso della robotica e della terapia online.

Abbiamo la tecnologia, che può aiutarci
Ma andiamoci cauti, può nuocere alla nostra salute.

A volte siamo soli, quando siamo connessi
Ma noi crediamo agli altri, scrivendo con la tastiera.

Fantasie che trasmettiamo, visto che non ci possono
vedere
Raccontiamo agli altri quello che vorremmo essere.

Si devono avere dei limiti, e assicurarsi sempre
Che quella tecnologia, non ci agguanti.

Orari incontrollati, non ci lascia mangiare
Sempre connessi, non dovremmo farlo.

AMORE

Indice

Dedicato ai miei genitori

Ringraziamenti

Colgo l'occasione per ringraziare tutte le persone che hanno collaborato dando il loro contributo nella realizzazione di questo testo, in particolare il dott. David Lavilla Muñoz, Professore Titolare di Comunicazione Digitale e Nuove Tendenze dell'Università Europea e la dott.ssa Daniela Galindo Bermúdez, presidente di Hablando con Julis: la solución para la comunicación y el aprendizaje de personas con discapacidad.

Avviso legale

Non è consentita la riproduzione totale o parziale di questo libro, né la sua incorporazione in un sistema informatico o la sua trasmissione in qualsiasi forma o con qualsiasi mezzo, sia esso elettronico, meccanico, tramite fotocopia, registrazione o altri mezzi, senza previa autorizzazione e per iscritto dall'editore. La violazione dei suddetti diritti può costituire un reato contro la proprietà intellettuale (art. 270 e seguenti del codice penale).

Rivolgersi al C.E.D.R.O. (Centro spagnolo per i diritti di reprografia) se è necessario fotocopiare o scansionare qualsiasi estratto di questo lavoro. È possibile contattare C.E.D.R.O. attraverso il web www.conlicencia.com o telefonicamente al 91 702 19 70/93 272 04 47.

CAPITOLO 1. CYBERPSICOLOGIA: LA NUOVA PSICOLOGIA

La Cyberpsicologia è uno dei rami più giovani della psicologia, emerso dal bisogno di capire come la tecnologia colpisce le persone e come queste cambiano a seconda di un uso più o meno esteso dei nuovi sviluppi.

Sebbene in molte università non esista un programma su questo argomento, non si può negare la necessità di analizzare e comprendere il comportamento umano quando si riferisce alla tecnologia, sia che la usiamo per il tempo libero che per il lavoro.

La Cyberpsicologia incorpora quindi l'elemento tecnologico come perno centrale della sua analisi, senza perdere di vista il fatto che è la persona che interagisce in un modo o nell'altro. L'oggetto di studio della Cyberpsicologia è descrivere e comprendere le abitudini, gli usi e gli abusi di questa tecnologia.

Dobbiamo tenere a mente che, insieme alle neuroscienze, questo è uno dei rami della psicologia che più cambia, poiché entrambi consentono di offrire una migliore conoscenza, in quanto gli strumenti di valutazione e osservazione sono sempre più sensibili, e ci permettono di offrire dettagli che prima erano impensabili.

Si è detto molto sugli effetti negativi dell'uso di Internet nel mantenimento di relazioni sociali sane, ma è così in tutti i casi?

I media tecnologici come il computer o gli smartphone ora permettono di essere connessi con tutti gli amici e i conoscenti, e anche con ex compagni di studio, grazie ad applicazioni internet come Facebook, in questo mondo sempre più globalizzato.

Tuttavia, fino ad ora si pensava che un uso eccessivo di ore di questi o di altri dispositivi volti al tempo libero, come guardare la televisione o ascoltare la musica, favorisse l'isolamento sociale e quindi favorisse l'insorgere della depressione.

D'altra parte, altri studi, hanno considerato che chiudersi dentro, evitando il contatto umano, oltre a quello fornito dal computer o dallo schermo mobile, era la conseguenza di uno stato depressivo precedente che lo aveva originato.

Qualcosa che potrebbe sembrare contraddittorio con i nuovi risultati, e con l'idea che i mezzi di comunicazione come Internet, è che essi permettono di essere più connessi e non isolati, quindi come può qualcuno isolarsi dal mondo che è connesso attraverso i social network con così tante persone dall'altra parte dello schermo?

Per risolvere questo problema, è stata condotta una ricerca dall'Università del New England (Australia) i cui risultati sono stati pubblicati sulla rivista scientifica Open Journal of Depression.

Sono stati valutati quarantuno adolescenti in due momenti diversi, con una separazione di un anno, in cui sono state utilizzate diverse misure per esaminare sia lo stato mentale che l'uso sociale delle reti attraverso Internet, dove sono stati presi in considerazione non solo il tempo investito, ma anche la qualità delle comunicazioni.

I risultati, nonostante supportino una relazione tra umore depresso e l'uso massiccio dei media attraverso Internet, stabiliscono che questa relazione è positiva, cioè che le persone trovano il supporto necessario con quelli con cui interagisce, per far fronte alle loro situazioni personali negative, diventando così uno strumento per la prevenzione della depressione.

La differenza con i risultati precedenti potrebbe essere che, questo studio non prende in considerazione solo il numero di ore giornaliere investite nella comunicazione di massa, che è stato dimostrato essere correlato a persone con una tendenza alla depressione e può anche essere determinante per un problema di dipendenza dalle nuove tecnologie, ma è stata valutata anche la qualità di essa, osservando che, una comunicazione di qualità è sufficiente per aiutare le persone a non cadere nella depressione, cioè, dove si interagisce con persone significative, che può servire da modello o esempio, o semplicemente, quando necessario, ascoltare e sostenere.

Nonostante il piccolo numero di partecipanti allo studio, le conclusioni sembrano spiegare i risultati contraddittori precedenti, introducendo un nuovo fattore che fino ad ora non è stato preso in considerazione, la qualità della comunicazione, che è il fattore determinante per la relazione positività-salute mentale positiva o negativa.

Successivamente, viene presentata una serie di studi su ciò che si studia attualmente in questo campo e quali conclusioni sono state tratte finora; a questo scopo, i risultati sono raggruppati in base al loro oggetto e allo studio, al mondo virtuale con i suoi avatar; i social network più utilizzati, come Facebook o Twitter, e il software specifico per la neuroriabilitazione.

Questa giovane branca della psicologia è molto richiesta, per rispondere alle domande che i professionisti della salute e persino i genitori stanno proponendo, per esempio, quali rischi comporta la tecnologia nei più giovani?

CAPITOLO 2. I RISCHI DI INTERNET

Una delle maggiori preoccupazioni dei genitori riguarda la corretta gestione delle nuove tecnologie da parte dei minori. Tutti sanno che la tecnologia offre grandi benefici, specialmente sul posto di lavoro, e anche in casa, quindi le case possono avere una lavatrice, un forno a microonde, una stufa elettrica ... tutti progressi importanti che "liberano" un tempo che in passato potevano occupare gran parte della giornata.

D'altra parte, in casa ci sono altri dispositivi orientati quasi esclusivamente al tempo libero, ad esempio la televisione, la radio o il computer. A parte l'uso educativo e d'apprendimento di tali dispositivi, ad esempio, seguire un corso di lingua attraverso un CD, guardare documentari televisivi o preparare attività con il computer, a parte questo, i genitori hanno sempre avuto dei dubbi sulle conseguenze nei minori dell'abuso di questi dispositivi orientati al tempo libero.

Anche se già i pediatri, gli psicologi infantili e gli educatori lo avevano affermato, l'hanno confermato anche alcune ricerche al riguardo, in relazione alla Public Health England, non lascia alcun dubbio riguardo l'influenza deleteria della televisione sulla salute dei bambini.

La relazione contiene uno studio che ha coinvolto quarantaduemila bambini britannici, di età compresa tra 8 a 15 anni, analizzando gli effetti nocivi del consumo eccessivo di ore davanti alla televisione, i cui risultati non lasciano spazio ad alcun dubbio, segnalando che quelli che passano più tempo sono quelli che hanno una carenza importante nei risultati accademici ottenuti da questi, anche se si va oltre, e si attribuisce una relazione diretta dell'abuso di ore davanti alla televisione con una bassa autostima e la sofferenza della malattie d'umore come la depressione e l'ansia.

Nonostante i benefici attribuibili alle informazioni fornite e all'intrattenimento, quando il tempo speso in televisione supera quattro ore al giorno può causare anche una riduzione di altre attività, sia attività accademiche che attività per il tempo libero, facilitando in tal modo l'isolamento del loro social media.

Se è vero che non si stabilisce una relazione di causa-effetto, lasciando aperte nuove ricerche, scoprendo come questa influenza sia, essendo tra le possibili spiegazioni, che più tempo impiegano a guardare la TV, meno tempo hanno per l'interazione sociale con i loro coetanei.

Poiché il tempo è limitato, sia per i bambini che per gli adulti, quando trascorriamo buona parte della giornata a guardare programmi televisivi, trascuriamo necessariamente altre attività che potremmo sviluppare.

Nella fase dell'infanzia, le relazioni sociali sono importanti, poiché servono a configurare le persone, mentre sviluppano le capacità comunicative, e l'identità si forma attraverso il confronto con gli altri e l'appartenenza a gruppi uguali.

Coltivare l'amicizia è un'attività fondamentale in questa fase della vita, che richiede molto tempo, e che si riduce nel momento in cui si dedica tempo alla televisione, anche per i programmi educativi.

L'isolamento e la mancanza di instaurazione di rapporti di amicizia e compagnia, con tutte le esperienze che questo comporta, sia positive che negative, potrebbe verificarsi dopo, perché questi piccoli hanno dei livelli più bassi di autostima, dal momento che non sviluppano abilità sociali e interazioni che gli altri, alla loro età, già gestiscono perfettamente.

Forse l'aspetto più preoccupante di questo rapporto è che si è osservata una relazione tra il tempo trascorso davanti la televisione e alcune patologie psicologiche. Sebbene sia vero che in precedenza determinati comportamenti, come lo stile di vita sedentario e una dieta povera erano stati collegati a problemi di salute come l'obesità e, in alcuni casi, l'insorgenza del diabete precoce. Rapporto che, in linea di principio, può colpire chiunque indipendentemente dall'età, ma che è particolarmente preoccupante quando si verifica nei minori.

I Disturbi Depressivi Maggiori (in inglese Major Depressive Disorder – MDD) sono le conseguenze più gravi sulla salute psicologica del bambino riportate in questo studio, poiché trascorrono troppo tempo isolati davanti allo schermo del televisore o del computer.

Con quello che verrà configurato un quadro clinico delle conseguenze, sia fisiche che psicologiche del bambino che si trascineranno durante la vita adulta, se non diamo a lui o ai suoi genitori i mezzi necessari per superare questa situazione.

Una volta conosciute le conclusioni della relazione presentata dal Public Health England, si può solo riflettere sul ruolo dei genitori o dei tutori, quando si lascia il piccolo solo davanti la tv, sapendo che è da quattro ore che la guarda, il piccolo avrà maggiore probabilità di soffrire di bassa autostima, e nel tempo sarà più esposto a soffrire di depressione e di disturbi d'ansia, quadri clinici che in futuro richiederanno un trattamento adeguato da parte dello specialista.

La cyberdipendenza:

I pericoli per la salute di questi giovani consumatori non rimangono lì, e anche se la tecnologia è uno strumento, e in quanto tale dipende dall'uso o dall'abuso che ne facciamo, ciò potrebbe avere una maggiore influenza sulla vita e sulle relazioni.

Attualmente, è difficile trovare uno studente che non usi abitualmente Internet per lavoro o per svago, pertanto potrebbe avere una dipendenza da Internet.

Ogni volta l'invasione delle nuove tecnologie si ha in giovane età, praticamente dai primi anni di vita, i bambini ora hanno i tablet e, con qualche anno in più, hanno il loro Smartphone, con accesso a Internet.

Oggi, si incoraggia l'uso delle nuove tecnologie anche nelle scuole, attraverso i tablet che sostituiscono i libri, oltre all'insegnante che utilizza la sua scheda elettronica, tutto collegato a Internet, dove si preparano materiali di consultazione specifici per le lezioni.

Ma quando si inizia ad usare Internet, non ci sono limitazioni nel suo utilizzo, specialmente quando si entra nei giochi o nei social network, un'attività che richiede sempre più tempo, fino a quando senza sapere come, si sviluppa una dipendenza.

Uno dei rischi più importanti in questo settore è quello della dipendenza dalla tecnologia, dal momento che dobbiamo tener conto del fatto che qualsiasi sostanza o attività umana può creare dipendenza a condizione che siano soddisfatte le seguenti condizioni:

- Perdita di controllo della volontà.

- Uso eccessivo di quest'attività, allontanandola dalle altre, che si tratti di rapporti lavorativi o sociali.

- Un certo livello di isolamento, a meno che non siano "dipendenze sociali".

- Con conseguenze negative, sia economiche, che emotive e familiari, a causa di questa dipendenza.

- Con "inclusioni" di pensieri, rendendo difficile non pensarci, e di conseguenza, un aumento di ansia e irrequietezza quando si trascorre un tempo senza accedere a tale dipendenza.

- Con conseguenze negative sul rendimento scolastico.

- In alcuni casi comporta anche qualche negligenza personale, che può essere dimostrata con disillusione e mancanza di igiene.

Tutto ciò è spiegato dagli stessi meccanismi neuronali che ci permettono di tendere a ripetere i comportamenti, date le sue conseguenze piacevoli e positive che facilitano l'apprendimento.

Lo stesso succede con l'uso di nuove tecnologie che, se smettono di essere utili per il lavoro o la vita di tutti i giorni e diventano "necessarie" o "essenziali", possono dare origine a una dipendenza tecnologica, sia all'utilizzo "eccessivo" di nuovi terminali, telefoni intelligenti, smartphone o tablet, nonché all'uso intensivo e "incontrollato" dei servizi di messaggistica istantanea, come Messenger, Whatsapp, Twitter o Tuenti.

Ciò ha portato alla comparsa di nuovi fenomeni che prima non esistevano, quindi è stato necessario creare nuovi termini per contemplarlo, come ad esempio il F.O.M.O. (Fear Of Missing Out), o la paura di perdere le ultime novità, cioè la necessità di essere a conoscenza dei social network in ogni momento in modo da non perdere l'ultimo dispositivo mobile che è uscito o l'ultimo video del tuo cantante preferito, identificato da l'Università di Essex (Inghilterra), insieme all'Università della California e all'Università di Rochester (USA), pubblicata sulla rivista scientifica Computer in Human Behavior.

D'altra parte, l'Università Villanova (USA) ha descritto per la prima volta un nuovo fenomeno chiamato "Sleep Texting", che fa riferimento al fenomeno di non avere un sonno regolare, quando ci sono continue interruzioni per leggere i messaggi ricevuti e inviare nuovi messaggi. Questo fenomeno spiega una diminuzione della quantità e della qualità del sonno tra i giovani, che sono i principali utenti che ne soffrono.

In questo senso è stato fatto da uno studio dell'Università di Washington e dall'Università Lee (USA) i cui risultati sono stati pubblicati sulla rivista scientifica Psychology of Popular Media Culture.

In esso, l'influenza dell'uso di M.S.N. (acronimo in inglese che indica i messaggi di testo) nella salute degli studenti universitari. A questo studio hanno partecipato ottantatre studenti, in cui la qualità della salute è stata analizzata attraverso il Pittsburgh Sleep Quality Index, che fornisce informazioni su tre indici: la stanchezza, i problemi del sonno e le relazioni sociali.

Si voleva studiare l'effetto in questi tre indici in base al numero di messaggi ricevuti e inviati durante il giorno, rilevando che i tre indici erano influenzati negativamente in quanto il numero di messaggi che si doveva "gestire" aumentava, ma dove si sono scoperti effetti più grandi rispetto ai problemi del sonno, dove pochi livelli "moderati" di messaggi cominciavano già a causare alti livelli di ansia e quindi difficoltà ad addormentarsi.

La minore quantità e qualità del sonno porterà conseguenze nella "vita diurna", con una minore capacità di conservazione e attenzione tra gli studenti, e se questa situazione viene mantenuta nel tempo, può influire anche sulla salute.

Da qui l'importanza di "educare" i più giovani all'uso di questi dispositivi elettronici, poiché, come indicato, questi possono generare problemi di prestazioni e concentrazione, oltre a influire sui rapporti sociali e, più seriamente, può influire sulla loro salute, a causa del mantenimento di elevati livelli di stress e della mancanza di sonno di qualità.

Tutto ciò presupponendo che la persona sia "padrona della sua volontà", cioè, non è ancora caduta in una dipendenza tecnologica, che causerebbe effetti negativi ancora maggiori. Il problema principale nel rilevamento di questo tipo di situazione è che i genitori non sanno quanto sia "normale" o che sia andato oltre il giusto e sia diventato pazzo.

Allo stesso modo, la persona che soffre, nonostante abbia compreso le difficoltà e le conseguenze dannose che ne derivano, non è in grado di riconoscere di avere un problema e richiede l'aiuto di altri per superarla, anche se potrebbe richiedere uno specialista per superare la sua dipendenza.

Come si può vedere nel risultato precedente, la tecnologia può causare gravi difficoltà quotidiane alla persona, al punto da mettere a repentaglio la propria salute, come nel caso di danneggiare la qualità e la quantità del sonno al fine di dover rispondere ai m.s.n. che si ricevono.

Oggigiorno è difficile pensare che un giovane non conosca e non abbia un account, per esempio, su Facebook, Twitter o Tuenti, visto che sono nati nell'era dei social network, ritenendosi "nativi digitali", cioè quelli nati dopo il decennio degli anni ottanta e che da piccoli avevano accesso alle nuove tecnologie.

Quelli che hanno qualche anno di più, quelli che

sono nati prima degli anni '80, devono sforzarsi di rimanere informati e addestrati con i social network, e questi sono quelli che vengono chiamati "immigrati digitali", cioè persone che sono nate senza queste possibilità e ora devono entrare in questo mondo, a volte confuso e a volte sconcertante, ma in ogni caso utile e necessario.

Come in precedenza, per alcuni lavori, era necessario avere una patente di guida e un livello di istruzione minimo, ora i candidati sono tenuti ad avere competenze sufficienti nell'uso del computer e dei social network. Come risultato di questi nuovi strumenti, sono emersi lavori impensabili alcuni anni fa, come quello di Community Manager, responsabile dei forum e delle comunità virtuali, o quelli più tecnici incaricati della promozione di siti web come i consulenti S.E.O. e S.E.M., che cercano di ottenere una maggiore visibilità nei social network e su Internet di una marca o azienda specifica.

I giovani hanno incorporato nelle loro vite gli strumenti offerti da questa nuova tecnologia, sia accademiche che ricreative, e ci sono molte università che insegnano una parte o tutto la loro didattica online, essendo in grado di connettersi da qualsiasi dispositivo fisso o mobile, come tablet, iPad o smartphone. Gli insegnanti hanno una duplice funzione, quella di organizzare e registrare le lezioni da insegnare e quella di tutoraggio virtuale, per risolvere i dubbi che possono essergli sorti.

Ciò ha permesso di aprire le porte delle università

agli studenti di tutto il mondo, con l'unico requisito di avere le competenze linguistiche necessarie per seguire le lezioni, e questo se si ha un dispositivo con una connessione Internet.

A questo proposito, l'unica cosa che non è stata possibile risolvere è stata la realizzazione degli esami, che devono essere effettuati faccia a faccia, sia presso l'università stessa che presso un centro istituito nel paese dello studente. In tal modo, si verifica che lo studente che esegue l'esame, conosce adeguatamente l'oggetto dell'esame.

Nel mio caso particolare, dopo diversi anni di insegnamento faccia a faccia in diverse università, ho dovuto seguire un corso di formazione per continuare il mio lavoro di insegnamento, ma questa volta attraverso i social network, per i quali ho dovuto adattare gli strumenti tecnologici che in precedenza utilizzavo nuove richieste, compresa la familiarizzazione delle piattaforme di formazione come Moodle, o l'uso di programmi di videoconferenza per insegnare on-line, il che mi permetteva di dettare lezioni in Spagna, sia nella penisola che nelle isole, mentre erano seguiti dall'Ibero-America.

Tuttavia ci sono i rischi di Internet che si presentano quando il tempo libero dei giovani diventa quasi esclusivo nell'uso intensivo di questa tecnologia, perdendo il contatto sociale e, a volte, il contatto con la propria realtà. Sono stati fatti su di esso molti studi, a causa di questa nuova modalità, in cui vengono rilevati ogni giorno nuovi casi di cyberdipendenza, cioè, le persone che non sono in grado di disconnettersi dalla rete, facilitando l'isolamento sociale e l'abbandono dell'igiene mentale e personale, associata anche a un'alimentazione scorretta, tutti questi rischi di Internet causati da un'insufficiente educazione all'uso corretto della tecnologia.

È stato condotto un nuovo studio dall'Università Kaohsiung Medical e dall'ospedale Hsiao-Kang (Taiwan), i cui risultati sono stati pubblicati sulla rivista scientifica J.A.M.A. Pediatrics, in cui vi è stato un follow-up di duemila duecentonovantatre giovani per 2 anni, valutato a 6, 12 e 24 mesi.

L'obiettivo di questo studio era di individuare gli indicatori della dipendenza da nuove tecnologie, per le quali è stato valutato il livello di dipendenza attraverso la scala standardizzata denominata C.I.A.S. (Chen Internet Addiction Scale), oltre ai livelli di depressione attraverso la versione cinese di C.E.S.D. (Center for Epidemiological Studies Depression Scale), il deficit di attenzione con iperattività valutato dal A.D.H.D.S. (Attention-Deficit/Hyperactivity Disorder Self-rated Scale), la fobia sociale attraverso la F.N.E. (Fear of Negative Evaluation Scale) e l'ostilità dei partecipanti attraverso il B.D.H.I.C.-S.F. (Buss-Durkee Hostility Inventory–Chinese Version–Short Form).

I risultati riportano che quei giovani maschi che avevano alti livelli di ostilità mostravano livelli più alti di dipendenza dopo 2 anni, diventando così il miglior indicatore di questa psicopatologia. Al contrario, gli adolescenti che hanno partecipato allo studio, hanno mostrato che il miglior indicatore di dipendenza futura è correlato all'avere un disturbo da deficit di attenzione e iperattività.

Sia nei ragazzi che nelle ragazze, quando si prevedeva una futura dipendenza dalle tecnologie, non erano rilevanti i precedenti livelli di fobia sociale e depressione. Lo studio offre anche un'informazione "rivelatrice", come che in soli due anni, oltre il 10% dei partecipanti sono stati colpiti dalla dipendenza da Internet, essendo una differenza significativa nel numero di casi tra i "dipendenti" maschio e femmina.

Da qui l'importanza di questi studi, che mostrano i rischi di Internet nei giovani. Gli studi necessari per creare programmi specifici di prevenzione, con particolare attenzione per l'istruzione in un fattore determinante di autoregolamentazione nell'uso delle nuove tecnologie, vale a dire, con una corretta educazione ci si aspetta che il giovane sia in grado di utilizzare correttamente la tecnologia e di non abusarne.

Oltre a quanto scritto sopra, e nel caso specifico dei giovani, questa educazione tecnologica deve essere accompagnata da un programma di intervento sulla corretta gestione dell'ostilità e nelle giovani donne nella diagnosi e nel trattamento del disturbo da deficit di attenzione, con iperattività, impedendo in tal modo future complicazioni della dipendenza da Internet.

I giovani potrebbero essere esposti a questa cyberdipendenza, la prossima cosa che dovremmo sapere è: è possibile rilevare la dipendenza da Internet nei giovani?

Questo è esattamente quello che cercano di analizzare dall'Università Payame Noor (Iran) i cui risultati sono stati pubblicati sulla rivista scientifica International Journal of Behavioral Research & Psychology.

Lo studio ha coinvolto trecentottanta studenti, centonovantaquattro ragazze e gli altri ragazzi, tutti seguiti nell'istituto.

Sono stati affrontati tre oggetti di studio, il primo per determinare la misura in cui gli studenti giovani soffrono la dipendenza da Internet, il secondo, per verificare se la presenza della dipendenza è correlata al livello di sincerità che ha espresso all'interno della famiglia, e, infine, se ci sono differenze di genere nei due precedenti.

Per questo, è stato impiegato il questionario standardizzato I.A.T. (Internet Addiction Test) per valutare il livello di dipendenza da Internet dei giovani, e uno creato per valutare il livello di sincerità nella casa dei partecipanti.

I risultati riportano che i ragazzi sperimentano un livello significativamente più alto di dipendenza da Internet rispetto alle ragazze.

Allo stesso modo, il livello di mancanza di sincerità intra-familiare aumenta, in media, come la dipendenza da Internet, e quindi si esprime significativamente di più nei ragazzi che nelle ragazze.

Così è possibile rilevare la dipendenza tra i ragazzi solo a guardare il livello di sincerità di questi in famiglia, quando si iniziano a cercare scuse o motivi inventati, può essere un buon indicativo di sospetto che il giovane può cominciare a soffrire la dipendenza da Internet.

Regola che non può essere applicata alle ragazze, dal momento che, nonostante soffrano di bassi livelli di dipendenza da Internet, quando lo fanno, non si esprimono con meno sincerità all'interno della famiglia, il che a sua volta rende più difficile il rilevamento e quindi il loro intervento per superarlo.

Ciò indicherebbe che i bambini sono più sensibili a soffrire di questo tipo di dipendenza legata alle nuove tecnologie, il che influenzerà negativamente la qualità della vita familiare, cercando di "nascondere" la loro dipendenza.

Tutto questo può essere utilizzato per stabilire programmi di prevenzione tra gli studenti, per sviluppare strumenti per affrontare la dipendenza da Internet e anche tra i genitori, in modo che abbiano chiari i primi sintomi di dipendenza per poter intervenire il più presto possibile.

Sebbene i risultati siano chiari, sono necessarie ulteriori ricerche per poter trarre conclusioni al riguardo, poiché si tratta di uno studio incentrato su una popolazione con caratteristiche specifiche, non trovando il paese tra i primi dieci in termini di numero di utenti Internet, impiegati quotidianamente da poco più della metà della popolazione attuale (53,3%), molto indietro rispetto a paesi come Norvegia, Islanda, Paesi Bassi, Svezia o Danimarca, tutti al di sopra del 90%, secondo i dati raccolti da Internetworldstats.

Va tenuto presente che le conseguenze della cyberdipendenza sono considerate auto-espressione di una dipendenza comportamentale, che deve essere superata con l'intervento di uno specialista, e in molti casi richiede come prima misura, un taglio a tutti gli accessi dei minori a Internet, proprio come con altri tipi di dipendenze.

Cyberbullismo:

Un altro dei pericoli di Internet è il cyberbullismo, noto anche come cyberbullying, che è un'estensione del fenomeno delle molestie questa volta utilizzando i media tecnologici, sia per telefono che online; con cui una persona (Stalker) cerca di minare e indebolire l'autostima di un altro (molestato o maltrattato), inviandogli messaggi minacciosi, molesti o messaggi di ricatto tramite i servizi e-mail o messaggi istantanei (tipo Chat o Messenger), S.M.S. o social network.

Prima che si estendesse l'uso della tecnologia nel fenomeno del bullismo, della molestia o dell'abuso, si aveva un incontro faccia a faccia tra il molestatore e il molestato, di solito accompagnato da insulti, minacce e scherzi, portando anche ad aggressione fisica verificata come modo per ottenere ciò che voleva lo stalker, ma qual è l'incidenza del bullismo scolastico tra la popolazione?

Questo è ciò che si sta cercando di scoprire dall'Istituto universitario di scienze mediche Krishna

(India), i cui risultati sono stati pubblicati sulla rivista scientifica International Journal of Health Sciences and Research.

Lo studio ha coinvolto quattrocento piccoli scolari, di età compresa tra 8 e 14 anni, di cui duecento erano ragazze. Ad ognuno di essi è stata chiesta un'intervista semi-strutturata, sulla base di un metodo standardizzato per rivelare il bullismo scolare chiamato Olweus Bully / Victim Questionnaire, da qui sono stati estratti due gruppi, coloro che soffrono bullismo o che avevano subito nel corso dell'ultimo anno e quelli che non lo fanno.

A tutti è stato fornito un questionario per valutare i livelli di salute e ansia attraverso lo strumento standardizzato K.I.V.P.A.

I risultati mostrano un alto livello di bullying, poiché tra i quattrocento partecipanti, centotrentasei ne avevano sofferto nell'ultimo anno, di cui cinquantanove erano ragazze e gli altri bambini.

Analizzando il tipo specifico di bullismo, è stato osservato che l'aggressione fisica diretta era la più comune, raggiungendo il 60% dei casi, seguita da insulti (37,5%) e voci (28%).

Tra i sintomi riscontrati dai bambini c'erano il mal di stomaco (24%), la depressione (23%), il mal di testa (20%) e le frequenti assenze da scuola (18%).

Di tutti coloro che hanno sofferto di un solo acquisto, solo il 24% ha informato i genitori o gli insegnanti della loro situazione.

Sebbene lo studio sia molto localizzato e non

possa essere estratto in altre popolazioni, è importante evidenziare l'elevato numero di studenti coinvolti, i diversi modi di esprimersi e la bassa percentuale di reclami da parte di coloro che ne sono affetti.

Negli ultimi anni, e grazie a campagne di sensibilizzazione, soprattutto nelle scuole, rivolte sia a insegnanti che a genitori, il numero di casi di molestie dirette è stato ridotto, lasciando posto al nuovo fenomeno del cyberbullismo, sponsorizzato dalla generalizzazione dell'utilizzo di dispositivi mobili e l'uso di Internet, oltre all'idea di anonimato nella rete, che conferisce al molestatore una certa fiducia nell'impunità per le sue azioni.

Alcuni esperti distinguono tra cyberbullismo e cyberbullying, il primo è quello che avviene attraverso l'uso di nuove tecnologie; limitando il termine cyberbullismo solo ai casi in cui le molestie provengono da coetanei, colleghi di età simile o leggermente più vecchi, ma di solito condividono un luogo di studio, entrambi condividono l'uso di dispositivi tecnologici come mezzo di molestie.

Si ha una particolare preoccupazione per il crescente numero di casi tra gli adolescenti; ad esempio, in Spagna, quasi un terzo dei minori di 17 anni dichiara di aver subito il cyberbullismo e persino il 19% ha ammesso di aver insultato tramite la rete. In America Latina, secondo i dati del S.E.R.C.E. (Secondo Studio Comparativo ed Esplicativo Regionale) condotto dall'U.N.E.S.C.O. (Organizzazione delle Nazioni Unite per l'Educazione, la Scienza e la Cultura), i cui dati sono stati ottenuti tra il 2005 e il 2009, oltre il 50% degli studenti delle scuole elementari sono stati vittime di bullismo, un pericolo che viene potenziato nella rete.

Questa situazione di cyberbullismo avrà le stesse conseguenze negative per i molestati, sia per la salute psicologica che fisica, che ha anche portato alcuni a perdere la vita, a causa della disperazione generata dal non vedere una via d'uscita da questa molestia. Da qui l'importanza che negli ultimi anni sia cresciuta la consapevolezza di questo problema, promosso da diverse istituzioni attraverso programmi di prevenzione e di educazione, rivolti sia ai giovani affinché denuncino, che ai genitori e insegnanti perché sappiano come rispondere adeguatamente a una nuova situazione per loro; ma se la scuola sta diventando il luogo più favorevole per questo tipo di molestie, si può affrontare il cyberbullismo dalla scuola stessa?

Questo è quello che abbiamo cercato di scoprire dall'Università di Regents e dalla University of City (Inghilterra) i cui risultati sono stati pubblicati sulla rivista scientifica International Journal of Emotional Education.

Lo studio ha coinvolto venti studenti universitari di età compresa tra 21 e 30 anni, di cui diciassette erano donne.

Erano divisi in tre gruppi: il molestato, il molestatore e il "pubblico". A ognuno di loro è stato assegnato un ruolo, che come gioco di ruolo hanno dovuto interpretare e mettersi nei "panni" del loro personaggio, commentando tra i membri del gruppo i sentimenti e le emozioni che hanno generato, per ultimo condividerli con i diversi gruppi.

I risultati qualitativi suggeriscono che gli studenti si identificano facilmente con il ruolo del molestatore, considerando i molestati come responsabili della loro situazione, sentendosi come i falliti e gli emarginati, essendo difficile fare il ruolo di molestati.

Si indica che è necessario lavorare sulla figura dello stalker e sulla violenza coinvolta, come "socialmente accettabile" in un mondo competitivo, anche a lavorare sul ruolo del tormentato, per trasmettere correttamente la sua immagine da visualizzare come una vittima e non come un "perdente sociale".

Sebbene i risultati siano rivelatori in termini di sentimenti su cui lavorare, c'è ancora bisogno di trasformarli in un programma di intervento educativo che possa essere incorporato in altre scuole e università, combattendo efficacemente questa "epidemia" di cyberbullismo che fino ad ora non sembra fermarsi, se non per mezzo della denuncia all'istituzione corrispondente.

Dopo ogni denuncia c'è un intero meccanismo dietro, che coinvolge diverse istituzioni pubbliche come la polizia o il giudiziario, che cercano di garantire la sicurezza degli utenti di Internet, ma possono intervenire solo a partire dalla conoscenza del cyberbullismo, lì l'importanza di genitori e insegnanti di essere in grado di rilevare i sintomi iniziali di molestie, al fine di fermare questo, prima che abbia conseguenze negative per la salute fisica e mentale del bambino.

CAPITOLO 3. LE OPPORTUNITÀ DELLA RETE

La tecnologia non solo comporta pericoli per i suoi utenti, ma offre anche grandi opportunità per quelle persone che sono in grado di formarsi, adattarsi e usarla correttamente. La tecnologia è attualmente parte del sistema di produzione, essendo essenziale per il corretto svolgimento di qualsiasi attività, ma anche, quando si lascia il lavoro, possiamo passare il tempo libero, occupando gran parte del tempo, quasi senza rendercene conto.

I giovani che sono stati chiamati nativi tecnologici sono praticamente nati con il boom della tecnologia attraverso tablet, smartphone e utilizzando sistemi di comunicazione immediata come Facebook, Twitter o Tuenti. Considerano "normale" e persino essenziale l'uso di questi progressi per ogni attività che stanno per svolgere.

Coloro che hanno qualche anno in più, quelli che hanno conosciuto la tecnologia quando erano già formati, sono chiamati migranti tecnologici e devono fare sforzi reali per essere "aggiornati" sui progressi e sulle nuove applicazioni o dispositivi, perché per loro uno strumento non smette di essere un "nuovo strumento" a cui devono dedicare molto tempo per essere in grado di padroneggiarlo, ma fino a che punto utilizziamo adeguatamente la tecnologia nella ricerca del lavoro?

Se definiamo l'intelligenza, come la capacità di dare una risposta corretta a una domanda, l'intelligenza tecnologica, sarebbe qualcosa di simile, come la capacità di utilizzare correttamente la tecnologia quando si risponde a una domanda.

Quindi, una persona che non è in grado di utilizzare correttamente la tecnologia non è solo "in ritardo", ma sta perdendo un'opportunità di lavoro o una promozione interna sul posto di lavoro, poiché quello che non risponde correttamente, lo farà un altro che verrà dopo.

Questo è il caso della competitività quando si cerca lavoro, anche se qualche anno fa il lavoro sembrava garantito, con i genitori che passavano il lavoro, ora si deve competere con gli altri per ottenere un lavoro.

E come in ogni altro campo, è entrata anche questa tecnologia, quindi i datori di lavoro non pubblicizzano più sui giornali, ma assumono compagnie di reclutamento che pubblicizzano online, raccolgono il curriculum, filtrano e intervistano alcuni, prima di selezionare il candidato ideale per la posizione.

Per cui, chiunque desideri accedere al lavoro, deve sapere come utilizzare correttamente la tecnologia per essere in grado di scoprire la domanda per il lavoro e quindi rispondere in modo appropriato ad esso.

Qualcosa che sembra essere implementato in ogni paese a velocità diverse, quindi si può vedere questa evoluzione grazie ai dati forniti dal governo aperto dall'Unione Europea, sulla percentuale della popolazione di età compresa tra 16 e 64 anni usano Internet per cercare un lavoro o per inviare il loro curriculum online, c'è una tendenza ad aumentare questa percentuale anno dopo anno, il che indica che coloro che hanno una gestione migliore di loro, avrebbero maggiori possibilità rispetto a quelli che non lo fanno. Essendo nel 2013 la media degli utenti di circa il 17%, è considerevolmente superiore allo scarso 10% del 2004.

I paesi dell'Europa settentrionale: Svezia (29%), Islanda, Norvegia e Finlandia (27%) e Regno Unito (26%), hanno tradizionalmente detenuto percentuali più elevate di utilizzo di Internet per trovare lavoro. Al contrario, quelli che hanno mostrato un minore utilizzo di Internet nel 2013 sono stati la Repubblica Ceca, la Turchia (6%) e la Romania (8%).

Nel caso della Spagna, ci sono solo record del 2007 con il 10%, aumentando progressivamente questa percentuale per raddoppiare nel 2013, posizionandosi così al di sopra della media europea.

Come si può vedere, tutti i paesi si sono evoluti verso un maggiore uso della tecnologia in questo campo di domanda di occupazione attraverso l'uso di Internet, che rappresenta il progresso di questo tipo di comunicazione tra datore di lavoro e candidato.

Resta da vedere se queste tendenze osservate sono mantenute in altre aree diverse da quella del lavoro, essendo in grado di determinare il "progresso" della società a seconda del livello di coinvolgimento tecnologico nelle loro attività quotidiane più comuni.

Resta da vedere se questi progressi sono gli stessi in termini di genere ed età, dal momento che non ci si aspetterebbero differenze di genere, ma ci si aspetterebbe che una percentuale più elevata di uso tecnologico cerchi lavoro tra la popolazione giovanile rispetto a quella più anziana. Nonostante ciò, i risultati sono un chiaro indizio di come ci si sta evolvendo verso un uso intensivo di Internet per trovare lavoro attraverso la rete, dal momento che attualmente nessuna azienda non considera l'utilizzo di un word processor o di e-mail per comunicare con i propri clienti, oltre a prendersi cura della tua presenza su Internet attraverso un sito web; questo è il motivo per cui non dovremmo essere sorpresi se in qualsiasi giorno "citiamo" un colloquio di lavoro tramite Skype.

Il programma Skype è forse il più conosciuto e più diffuso di una serie di programmi finalizzati alla videoconferenza, oggi ci sono nuove alternative che stanno iniziando a essere imposte come Google Hangouts, ma a prescindere dal programma che usiamo per farlo, quali sono le chiavi per un colloquio di lavoro attraverso la videoconferenza?

Dal punto di vista del datore di lavoro, cioè, il responsabile della selezione del personale incaricato del colloquio si è dovuto adattare a questa nuova realtà, variando leggermente le modalità di intervista rispetto alla tradizionale intervista faccia a faccia, dal momento che oggigiorno, molte delle chiavi che servono a determinare il livello di fiducia in se stessi, ansia e persino veridicità di ciò che l'intervistato dice non sono disponibili. La postura del corpo, il modo di sedersi o di incrociare le gambe, il movimento delle mani o dei piedi durante l'intervista sono stati solitamente usati per conoscere meglio il candidato, ma ora? Che cosa dovremmo guardare?

- La prima cosa è nel Nick dell'account, che dice molto sul profilo che usi per comunicare su Internet con altri, sia che si tratti del proprio nome o di qualsiasi qualità personale che sarà considerata positiva; se invece si riferisce a un hobby, può dare un'immagine di mancanza di formalità. Ciò non significa che tutti possano avere il Nick che vogliono, ma quando si tratta di un colloquio di lavoro è conveniente usare uno personale che dia una buona immagine di sé.

- In caso di problemi tecnici di connessione, ad esempio, quando si interrompe e si deve riconnettere, sarà fondamentale nella valutazione il modo in cui il candidato risponde, con tranquillità, pazienza e soprattutto professionalità.

- Il modo di vestire, più o meno formale da parte dell'intervistato, fornisce un resoconto dell'interesse che egli esibisce nel raggiungimento della posizione, quindi se si reca con i vestiti "in giro per casa", perché in effetti è nella sua casa, può essere interpretato come "disattenzione" o "mancanza d'interesse", a differenza di chi indossa una giacca o almeno ha un aspetto più curato, proprio come in un'intervista faccia a faccia.

- Il tono della conversazione, che non diventa una chat tra amici, mostra anche interesse per il raggiungimento della posizione.

- Anche se possono esserci sempre eventi imprevisti, ci sono alcuni suggerimenti che possono indicare che è improvvisato, mostrando una mancanza di interesse poiché non sono stati fatti i pre-test necessari, per esempio, per primo una corretta illuminazione della stanza e del viso dell'intervistato, un suono troppo basso o che ha molte interferenze, che sullo sfondo dello schermo passa un parente o un amico durante l'intervista ... sono indicativi di "sciatteria" nella preparazione dello stesso, anche se come è stato tutto deve essere qualificato, dal momento che possono sempre sorgere delle contingenze.

- Sullo sfondo che si vede nel retro dell'intervistato, un muro bianco, una foto, o una libreria disordinata, tutto questo fornisce indizi su come siamo.

- Se già "vai male" arrivando un pomeriggio al colloquio di lavoro perché non sei riuscito a trovare un parcheggio per lasciare l'auto, che giustificazione puoi dare se non sei puntuale per connetterti con Skype?

- Certo, l'igiene mostrata, una cosa è essere a casa e un'altra molto diversa è quella di apparire per un'intervista, anche se si è su Skype senza radersi, senza sistemare "i capelli", ... tutto questo mostra segni di mancanza d'interesse per l'intervista.

- Sebbene il linguaggio non formale sia fondamentale nella comunicazione, con Skype c'è poco che possa essere visto, forse il movimento delle mani o il corpo nel caso in cui si verifichi, ecco perché questa volta l'importanza è aumentata del linguaggio verbale, sia nella profondità del discorso che nella forma, curando aspetti del linguaggio come cadenza, tono e fluidità di esso.

- Inoltre, l'uso corretto di Skype indica un certo livello di gestione del computer, che oggi è essenziale nella maggior parte dei lavori.

Nonostante tutto quanto detto sopra, dobbiamo tenere presente che l'intervista su Skype è solo uno strumento e probabilmente un primo passo per filtrare determinati candidati, come per l'esame iniziale del curriculum, nel che vengono scartati per le interviste future, quelli che non soddisfano il profilo richiesto. Un colloquio personale o l'osservazione della prestazione durante il periodo di prova saranno decisivi per confermare una scelta corretta del miglior candidato per il lavoro.

Come vediamo in questa sezione, l'uso delle nuove tecnologie sta cambiando il nostro modo di interagire anche sul posto di lavoro, per questo motivo, le persone che non sanno come adattarsi saranno relegate in favore di coloro che gestiscono adeguatamente con l'uso di Internet e dei nuovi strumenti tecnologici emersi negli ultimi anni.

CAPITOLO 4. L'AVATAR E L'IDENTITÀ DIGITALE

Uno dei processi più straordinari del bambino oltre a crescere, è vedere come a poco a poco prende coscienza di se stesso, formando una personalità che gli conferisce un'identità unica e diversa dal resto. In questo processo di differenziazione la madre avrà un ruolo di primo piano, con la quale all'inizio condividerà una simbiosi che la rende diversa da se stessa. La madre è colei che soddisfa tutti i suoi bisogni, lo cura e lo alimenta, ma presto questa "fonte di soddisfazione" diventerà una "fonte di frustrazione", questo accadrà quando la madre non assisterà immediatamente alle sue esigenze, ad esempio, al cibo, o non dedicherà tutto il tempo che il piccolo richiede.

Questo è il primo momento in cui viene fatta una distinzione tra il bambino come individuo e "l'altro", la madre, questo apprendimento esperienziale sarà consolidato mentre il bambino prende il controllo del proprio corpo, creando così il concetto di immagine personale in cui saranno inclusi sempre più elementi, dalle più evidenti, dita, mani, piedi ... ad altri che saranno scoperti man mano che questi si formano e che avranno a che fare con le caratteristiche dominanti della sua personalità.

Il bambino passerà attraverso diverse fasi fino a quando non si renderà conto che è "solo" davanti al mondo esterno, e che è composto da altri che a volte prestano attenzione alle sue esigenze e altre volte no. Il bambino ha davanti una grande sfida e deve allenarsi come persona, indipendente e differenziata dagli "altri", che avrà sempre un ruolo importante in quanto serviranno da modello con cui identificarsi, mentre allo stesso tempo lo aiuta a confrontarsi.

L'"altro" sarà presente per il resto della vita, perché, grazie a questo, siamo alti perché gli altri sono bassi, grassi perché gli altri sono magri ..., con "l'altro" siamo ciò che siamo, più o meno del resto degli altri, desiderano e vogliono ciò che l'altro ha ottenuto o ha, diventando una fonte di motivazione personale.

Ma fino ad ora stiamo parlando dell'identità personale come un concetto unitario, univoco e stabile nel tempo, tuttavia dobbiamo ricordare che questa identità è composta da diverse parti come:

- L'immagine del corpo, che include ciò che pensiamo di come siamo fisicamente, ciò che siamo in grado o meno di fare con i muscoli (correre, nuotare ...) così come i limiti. Ricorda che questo è un fattore importante in alcune psicopatologie in cui è distorto, come nel caso dell'anoressia.

- L'immagine mentale di noi stessi, cioè la considerazione che abbiamo delle capacità mentali e dei loro limiti (più o meno intelligenti...), un aspetto fondamentale su cui funziona la formazione, poiché i limiti che crediamo di avere sono i primi da superare per affrontare le difficoltà e raggiungere gli obiettivi che vogliamo.

- L'identità sessuale, che si riferisce a come ci sentiamo come uomo o come donna, indipendentemente dal fenotipo (attributi sessuali fisici differenziali).

- L'identità sociale, che si riferisce a come ci sentiamo nei diversi gruppi di convivenza in cui partecipiamo, sia che si tratti di famiglia, scuola, lavoro...ma anche il gruppo di colleghi e di amici.

Attualmente, data l'importanza che sta riscuotendo la tecnologia in ogni ambito della vita, è stata incorporata una nuova categoria:

- L'identità digitale, che si riferisce al modo di vederci in rete, in base ai gusti, ai desideri e agli hobby, ma anche nell'identificare con il Nick, immagine del profilo o avatar, al fine di stabilire nuove relazioni sociali, di appartenere alla comunità, ai forum o ai gruppi di fan con cui si interagisce.

La società si costruisce con la trasmissione di modi di pensare, valori e norme, ma nel mondo digitale, queste forme sono diluite, poiché si smette di appartenere a un singolo luogo e si passa a quello che viene chiamato "Villaggio Globale". In questo mondo digitale, le persone possono essere ciò che vogliono e presentarsi agli altri come preferiscono, perché hanno l'opportunità di formare una nuova identità digitale.

Di persona, faccia a faccia, e senza dire nulla, stai offrendo molto di te, la misura della tua altezza, il tuo peso, il colore dei tuoi capelli o della tua pelle, anche come ti vesti ... tutte queste informazioni sono estranee ad internet, e sono sostituiti da quello che si decide sull'identità digitale.

Ora il comportamento non deve essere lo stesso nella vita reale e su Internet, quindi una persona può vivere umilmente a casa, e nella rete invece "si mescola" a banchieri o politici, dal momento che le regole con cui la rete è governata sono diverse.

Anche parlare della rete ha una sua cultura, cioè ci sono modi di pensare, valori e regole esclusive della rete, che difficilmente possono esistere nella vita reale, e non si tratta solo di avere amici sparsi per il mondo, ma l'espressione di fenomeni tanto curiosi quanto la condivisione disinteressata, che sia tempo, file o conoscenza.

Quindi, in questi ultimi anni sono emersi fenomeni come crowdfunding o il finanziamento collettivo, per il quale una persona ha un progetto in una piattaforma di crowdfunding specializzato per ricevere il sostegno economico da centinaia o addirittura migliaia di persone, con le quali in precedenza non avevano avuto contatto.

Un altro fenomeno è il Crowdlearning, dove le persone altruisticamente condividono le loro conoscenze con tutti, in modo che un medico, un ingegnere o un meccanico possono esporre e condividere la loro esperienza e le abilità, in modo che altri possano imparare da esso.

Alcuni studi hanno indicato questo come un nuovo modo di pensare, di sentire e di espressione del singolo, cioè, una vera e propria e-personalità, o personalità virtuale, un'alternativa che l'individuo utilizza solo online, ma in grado di influenzare anche la personalità off-line o la personalità "reale".

Il fatto che a volte queste personalità non coincidono è perché sono usate in "mondi" diversi, dove le relazioni sociali sono stabilite con persone diverse, lontano dai compagni o dagli amici "reali".

Anni fa è sorto il concetto di comunicazione hyperpersonale, che si riferisce alle possibilità offerte dalla rete per essere un "comunicatore migliore", superando i limiti della "realtà" senza "interferenze" di come siamo fisicamente, per esprimerci in maniera più aperta e vicini alle persone che sono in rete, formando così nuove relazioni che altrimenti non potrebbero esistere vita reale.

Attualmente i social network fanno parte di ciò che siamo, soprattutto dei più giovani, che influenzano il livello di narcisismo.

Il modo di esprimersi nelle reti per ottenere un maggiore riconoscimento sociale "virtuale" rafforza i comportamenti di narcisismo nella rete.

Se all'inizio alcuni social network cercavano di mettere in contatto amici e compagni di classe, come era l'origine di Facebook, ben presto gli amici della "realtà" cedettero il passo al virtuale.

Non hai più bisogno di conoscere qualcuno da aggiungere ai tuoi social network come "amico", dal momento che maggiore è il numero di persone aggiunte, maggiore sarà la tua "cache" su Internet, situazioni che hanno persino portato le aziende a offrire un numero determinato da "amici", centinaia o migliaia, per pochi dollari.

Tutto questo non fa altro che incoraggiare e rafforzare il narcisismo della persona, di essere "popolare" in un mondo virtuale, l'attenzione non si ottiene nella vita "reale", che rende questo comportamento, incoraggia le reti ad aumentare quella piacevole sensazione garantita dal narcisismo.

Così, alcuni autori hanno sottolineato che proprio questo narcisismo è la vera ragione per cui i social network hanno tanto successo tra i più giovani, i quali sono in una fase evolutiva in cui i pari diventano la loro fonte di confronto, essendo le azioni "buono o cattivo" a seconda che "gli altri" approvino o no, ma sai qual è il tuo livello di narcisismo espresso sul web?

Questo è esattamente ciò che viene esplorato dall'Università Centrale Nazionale (Taiwan) i cui risultati sono stati pubblicati sulla rivista scientifica Psychology.

Lo studio ha coinvolto quattrocentosettantuno studenti universitari di età compresa tra i 19 e i 24 anni, di cui duecentoventuno erano donne.

Hanno risposto al N.P.I.-40 (Narcissistic Personality Inventory), allo scopo di validare le quaranta voci che lo componevano e sono stati valutati i fattori di narcisismo, cioè concretamente erano sette: il grado di influenza della persona in rete; il grado di influenza degli altri quando prendono decisioni in rete; la misura in cui le persone si sentono "brillanti" e superiori in rete; il grado di esporre tutto in rete; la tendenza a manipolare gli altri in rete; il grado in cui si cerca se stessi in rete; e la misura in cui si ritiene che la rete offra vantaggi nella propria vita.

I risultati mostrano la validità e l'affidabilità del test messo a punto, valutando in modo corretto il livello di narcisismo degli utenti di Internet.

Quello che gli autori hanno sottolineato nel loro articolo, non si dispone uno strumento per valutare il livello di narcisismo su Internet, è stato posto un grande ostacolo per lo svolgimento di ricerche rispetto alla personalità in rete.

La creazione di uno strumento di valutazione è sempre un passo in avanti nella conoscenza, perché permette una migliore comprensione dei fenomeni osservati, così ora si può confrontare il numero di ore trascorse o i social network più utilizzati con il livello di narcisismo dell'utente e vedere se esiste una correlazione tra i due.

È possibile anche fare dei confronti con altre caratteristiche di personalità che sono noti per avere una notevole influenza sui social network, come il livello di ossessione degli utenti, che ha dimostrato una correlazione in modo positivo del loro uso intensivo, essendo un buon indicatore al momento di valutare i possibili comportamenti di dipendenza all'interno dei social network.

Quando entriamo nel mondo di Internet, non lo facciamo faccia a faccia con le persone se non viene utilizzato un Nick, o un nome utente e un avatar.

L'avatar è il personaggio che viene utilizzato per interagire con altri utenti della rete, che, nel caso di mondi virtuali, è di solito in tre dimensioni.

In alcuni casi, mantenendo una certa somiglianza con i personali e in altri è completamente opposta o non ha nulla a che fare con la forma fisica. Allo stesso modo, quando si interagisce con questi alti e bassi, la persona si può esprimere come, o si comporta in un modo che non farebbe nella vita "reale".

Così, si stabiliscono le relazioni sociali, e anche quelle di coppia, con avatar di persone che forse mai vedranno nella loro vita. Nonostante tutto, è possibile scambiarsi informazioni, esperienze e sentimenti, e anche sotto forma di una questione di interesse, il tutto grazie ad un processo di socializzazione online, in base all'interattività virtuale in cui i nuovi utenti hanno familiarità con quello che essi hanno in comune e che si apprende.

La mia esperienza personale con l'avatar e con i mondi virtuali è limitata, perché anche se ho esplorato la possibilità di integrare un qualche tipo di terapia attraverso questi canali, ho scoperto presto che erano più orientati al tempo libero. In particolare ho esplorato quella che è considerata la più grande comunità in questo campo Second Life, con oltre un milione di utenti e dove ogni giorno si uniscono centinaia di nuovi utenti.

In realtà, Second Life è una successione quasi infinita di mondi virtuali, alcuni privati, alcuni pubblici, e in ognuno di essi, ci sono microcosmi di persone connessi e che interagiscono più o meno regolarmente. Il software di distribuzione gratuita permette di avere un avatar, un personaggio tridimensionale che interagisce con altri, permette di essere in grado di scegliere qualsiasi qualità fisica, come l'altezza, il peso, il sesso o il colore della pelle, si possono cambiare anche i vestiti tutte le volte che si vuole, e persino essere in incognito.

La parte a pagamento di Second Life consente di selezionare molte altre caratteristiche personali, vestiti, e anche affittare "trame" virtuali dove costruire il proprio microcosmo, che consentirà di abilitarsi come pubblico o privato, permettendo in quest'ultimo caso, di immettere le persone che inviti. Ci sono molti posti che sono la "copia" di un monumento, di una città o di una strada famosa e l'avatar può muoversi per esplorare nuovi luoghi, visitare musei, o parlare con le persone che incontra per strada.

Uno degli aspetti che gli esperti che ho consultato mi hanno commentato quando ho iniziato a esplorare i mondi virtuali, è che le persone che sono contattate, difficilmente forniscono informazioni sulla loro vita "reale", quindi indipendentemente dal sesso, dall'altezza o dal peso dell'avatar, non si è in grado di essere sicuri di chi c'è dietro.

Nonostante queste limitazioni, le aziende e persino le istituzioni scolastiche hanno visto il loro potenziale e sono presenti per avvicinare la loro offerta agli utenti, oltre a fornire spazi per i loro scambi. Per quanto riguarda la divulgazione di questioni relative alla salute in Second Life, un caso noto è l'isola della salute, diretto dal S.E.M.F. Y. C. (Sociedad Española de

Medicina Familiar y Comunitaria) e la Coalizione dei Cittadini con Malattie Croniche, dove i professionisti della salute si incontrano per tenere discorsi e rispondere alle domande poste dagli utenti collegati in quel momento.

Attualmente si sta sviluppando un grande flusso di ricerca sull'identità digitale, cercando di capire come influisce sulla vita quotidiana, facilitando o interferendo con essa, con la ricerca di sapere come i sentimenti "vissuti" influenzano la vita "reale" virtuale.

Uno dei grandi vantaggi delle nuove tecnologie è che consentono una maggiore democratizzazione, tutte aventi lo stesso valore al momento dell'opinione pubblica. Almeno questa era la teoria, fino a quando sono emersi i leader di opinioni, che a volte corrispondevano a professionisti come giornalisti o politici, ma sono emersi anche i blogger che con il loro carisma o il loro modo di esprimere raccolgono migliaia di seguaci, che quotidianamente li leggono con assiduità, e le loro parole hanno un grande valore, tanto che le compagnie vengono sorteggiate per far pubblicizzare i loro prodotti. Si stabilisce così una chiara differenziazione tra gli utenti, ma se si tratta di differenze tra gli utenti di Internet, c'è anche la possibilità di esclusione sociale attraverso Internet?

Questo è esattamente ciò che uno studio dell'Università di Vienna (Austria) ha tentato di rispondere, i cui risultati sono stati pubblicati negli atti della rivista International Society for Presence Research.

Allo studio hanno partecipato quaranta donne di età compresa tra i 18 e i 29 anni, che hanno sviluppato una serie di attività in un mondo virtuale attraverso un avatar, osservando il loro comportamento mentre eseguivano record fisiologici per confrontarle. L'esperimento includeva anche caratteristiche simili a un'altra parte del gruppo, ma questa volta interagivano fisicamente, faccia a faccia nelle stesse situazioni.

La metà del gruppo è stata creata per svolgere un compito in cui un "complice" dello sperimentatore faceva sentire il partecipante coinvolto in ciò che stava facendo; d'altra parte, ciò che il "complice" ha fatto è stato quello di escludere il partecipante.

I risultati riportano che non sono state riscontrate differenze nelle misure di soddisfazione e di eccitazione (il grado di impatto delle emozioni percepite) valutate per i partecipanti, il che implica che "l'esperienza virtuale", sia di inclusione che di esclusione, è così "vissuta" tanto quanto la realtà stessa faccia a faccia.

Anche se i risultati sembrano chiari, resta da chiedersi cosa sarebbe successo se lo studio avesse incluso anche un gruppo di bambini con cui confrontare, probabilmente, gli effetti trovati andando nella stessa direzione sarebbero stati più energici, poiché l'aggressività mostrata dai maschi di fronte alla frustrazione, o come in questo caso nel caso dei comportamenti di esclusione degli altri, di solito è più diretto ed esplosivo.

Sebbene gli autori non si addentrino a valutare le

implicazioni dei loro risultati, è evidente che, se non esiste la linea tra virtuale e reale, dobbiamo cominciare a considerare ciò che gli adolescenti vedono o giocano al computer e come mantengono le loro relazioni virtuali, una preoccupazione che i genitori devono avere, come farebbero se il loro figlio esce con gli amici che non si conoscono o fare qualcosa che non sa cosa sia.

Sapendo che la migliore prevenzione è l'educazione, ma per educare correttamente a "consumare" i prodotti e i servizi offerti in rete, per questo è importante che i genitori sappiano come gestirli correttamente, per poter insegnare ai propri figli a sapere "scegliere" e a comportarsi virtualmente, come si farebbe di persona.

CAPITOLO 5. LA PSICOLOGIA DEI SOCIAL NETWORK

I social network sono diventati la forma più comune di comunicazione tra i giovani, dove possono condividere e commentare ciò che pensano o sentono.

Giorno dopo giorno, questa opzione è in crescita e vengono creati nuovi social network che cercano di collegare nuovi utenti.

Il vantaggio di queste reti rispetto ad altri media, come blog o forum, è l'immediatezza della comunicazione.

La mia esperienza sui social network è relativamente recente, a malapena 2 anni e poco più, e tutto ebbe inizio da un colloquio di lavoro, in cui mi è stato offerto di essere un direttore di un dipartimento di psicologia, ma la persona che mi ha intervistato è stata sorpresa dalla mia assenza su Internet.

A quel tempo, non avevo interesse per i social network, dal momento che mantenevo i miei contatti tramite e-mail o per telefono. Anche se alla fine non ho superato il colloquio, mi ha fatto riflettere e ho realizzato che mi mancava qualcosa, la mia presenza su Internet, e che questo avrebbe potuto influire negativamente sulla valutazione del mio curriculum.

Così, alcuni giorni dopo ho aperto profili su Twitter, Facebook e Google+, dove mantengo un'attività intensa, che è stata "premiata" da una moltitudine di contatti e follower.

Inoltre, come parte del mio impegno per la divulgazione scientifica con un blog chiamato Novedades en Psicología, dove ogni articolo pubblicato nel mio blog sugli ultimi sviluppi in vari campi della psicologia e delle neuroscienze, poi li condivido attraverso il mio social network, ottenendo migliaia di follower che si traducono in una media di mille visite al giorno sul blog.

Ma forse il lavoro nelle reti di cui personalmente mi sento più orgoglioso è quello su LinkedIn, che a differenza dei precedenti, è una rete professionale, dove ho più di tremila cinquecento professionisti della salute mentale che mi seguono per conoscere le ultime pubblicazioni che realizzo.

I social network è dove dedichiamo tempo ed energia per rispondere, condividere e mettere "Mi piace", per tenerci aggiornati sulle ultime pubblicazioni del tema di interesse o semplicemente per stare a contatto con le persone a cui siamo interessati.

Tutto ciò è un'attività umana, che può e deve essere analizzata, per aiutarci a capire e descrivere ciò che accade nel cyberspazio, cioè su Internet.

Attualmente si sta sviluppando una grande quantità di dati che possono essere analizzati, sulla frequenza dell'utilizzo di reti in cui trascorriamo più tempo, ciò che facciamo in ciascuna rete, chi contattiamo, ..., qualcosa che all'inizio non sembra essere di interesse, è stato osservato che serve e molto per comprendere come siamo.

Le ultime ricerche sottolineano che proprio com'è ogni persona nella realtà, si comporterà allo stesso modo su Internet, pertanto lo studio si può realizzare al contrario, sapendo come si comporta in rete, possiamo scoprire com'è ogni persona.

Uno strumento essenziale per le scienze sociali, come la sociologia o la psicologia sociale, dato che consente di osservare come stanno cambiando i gruppi su Internet, la loro interazione, e con essa la società in cui si trovano.

Tuttavia è anche di interesse a livello psicologico, sia nel rilevare le psicopatologie che nell'essere in grado di offrire soluzioni personalizzate all'utente.

Successivamente, verranno esposte le ultime ricerche psicologiche di Internet divisi in funzione dei social network, oggetto di studio e analisi.

Facebook

Ogni giorno dedichiamo più tempo per connetterci attraverso diversi social network, tenendoci informati o semplicemente per condividerli con gli altri.

Se c'è qualcosa che ha caratterizzato questo ultimo decennio è stata l'inclusone nella vita di tutti i tipi di social network, volti a facilitare la vita. Con un clic del mouse puoi parlare con il tuo migliore amico, o con un collega dall'altra parte del mondo, mentre ricevi le ultime notizie su ciò che accade in Giappone.

Le cose che attualmente non possono essere fatte attraverso i social network sono poche, siano esse stare collegati a una chat, a un forum o a un gruppo di discussione sull'argomento di interesse, in cui chiunque può condividere e commentare questo argomento.

Qualcosa che è stato visto come un pericolo tra i più giovani, dal momento che sono questi che trascorrono la maggior parte del tempo sui social network, che a volte possono influire negativamente sul rendimento scolastico dello studente, ma i social network sono un riflesso di quello che siamo?

Questo è esattamente ciò che viene studiato dall'Università Monash (Malaysia) i cui risultati sono stati pubblicati sulla rivista scientifica Cyberpsychology: Journal of Psychosocial Research on Cyberspace.

Lo studio ha coinvolto centocinquantotto studenti universitari, di età compresa tra i diciotto e i ventiquattro anni, di cui il 77% erano donne. Di tutti i social network utilizzati da questi giovani si è deciso di scegliere il social network Facebook, a causa dell'estensione e della popolarità nel suo utilizzo. Per questo, è stato valutato il livello d'intrusione di questo social network nella vita quotidiana, attraverso un questionario standardizzato chiamato F.I.Q. (Facebook Intrusion Questionnaire).

Allo stesso modo, per osservare se si verifica questo "riflesso" della persona nelle reti, è stata analizzata una caratteristica della personalità come il livello di ossessione. Per questo, i partecipanti sono stati valutati attraverso due questionari standardizzati, l'O.C.I.-R. (Obsessive Compulsive Inventory-Revised) e l'O.B.Q.-20 (Obsessive Belief Questionnaire-20). Lo scopo della ricerca è quindi quella di scoprire se il modo di comportarsi nel social network Facebook cambia o meno a seconda del livello di ossessione di ogni persona.

I risultati mostrano che credenze e comportamenti ossessivi si rifletteranno in modo significativo nell'uso di Facebook, così che quegli studenti che hanno avuto livelli più alti di ossessione, sono stati anche quelli che hanno fatto un uso più intenso di questo social network.

Nonostante la chiarezza dei risultati, si deve tener conto dei limiti dello studio, in quanto si tratta di una popolazione molto specifica con una specifica idiosincrasia come quella della Malesia, e anche tutti i partecipanti sono universitari, per cui si richiede nuova ricerca prima di poter estrapolare i risultati di tutti i giovani.

Un altro limite dello studio è che le informazioni ottenute derivano dall'uso di questionari standardizzati, basati sulla risposta del partecipante, e non tanto su ciò che fa effettivamente. Oggi ci sono le App, che sono piccoli programmi che vengono installati sullo Smartphone e che registrano l'uso che viene fatto attraverso di esso, permettendo di sapere esattamente quanto tempo si è trascorso connesso sui social network attraverso il telefono, che fornirebbe una misura più affidabile rispetto all'uso esclusivo di questionari standardizzati.

Con questi risultati, sembra chiaro che alla fine si

esprime come ognuno si identifica in ciò che fa, sia comunicando di persona, faccia a faccia, sia attraverso i social network. Quindi, nonostante il progresso della tecnologia, possiamo ancora vedere persone parlare al telefono muovendo le mani per dare più slancio al messaggio che esprime, pur sapendo che l'altra persona non sarà in grado di vederlo.

Tuttavia i risultati precedenti portano a considerare quanto segue, se è lo stesso nel mondo reale come in quello virtuale, cosa succede con i ruoli che ha ogni persona? La rete diventa un luogo di "liberazione" degli stessi o no?

Questo è esattamente ciò che viene esplorato congiuntamente dall'Università New South Wales (Australia) e dall'Università West England (Inghilterra) i cui risultati sono stati pubblicati sulla rivista scientifica Psychology of Women Quarterly.

Lo studio ha coinvolto centocinquanta studenti universitari di età compresa tra i 17 e i 25 anni, tutte donne, e con un peso nella norma, valutati mediante la formula del peso diviso per l'altezza al quadrato.

I partecipanti sono stati interrogati tramite un questionario online ad hoc sulle loro abitudini nel consumo di tempo libero, televisione, riviste, musica ... compresi i social network, per i quali hanno dovuto identificare il numero di ore dedicate a ciascuno di essi a queste attività. Nel caso del social network Facebook, doveva indicare quanto spesso è stato guardato. E nel caso delle riviste lette, se queste fossero o meno alla moda.

Allo stesso modo, la tendenza di ciascuno di esse confrontate con il resto è stata valutata attraverso la scala standardizzata denominata Upward and Downward Appearance Comparison Scale; sono state richieste le stesse informazioni, ma questa volta, sul confronto all'interno della rete di Facebook, con gli "amici" e gli utenti di detta rete. Infine, è con il S.O.Q. (Self-Objectification Questionnaire) stata valutata l'immagine personale che aveva di se stessa, come "oggetto-donna" o no.

I risultati mostrano che le studentesse universitarie mostrano un'alta correlazione tra l'uso che si fa di Facebook e l'uso della donna come oggetto del desiderio, cioè nella rete continuano a essere mantenuti i canoni sociali di "donna-oggetto" come nella vita reale; poiché sono stati ottenuti gli stessi risultati come nel rapporto tra donne come oggetto del desiderio e le riviste di moda.

Cioè, la pressione della società che i giovani soffrono soprattutto per avere un "bel viso" e un "corpo perfetto", lo soffrono entrambi nella loro vita reale e in quella virtuale, e che, tutti i partecipanti hanno avuto un peso normale, ma cosa succederebbe a coloro che sono in sovrappeso?

Se in rete viene mantenuta la stessa pressione o anche meno, invece di diventare un luogo di svago e ricreazione, può diventare una continuazione delle norme sociali in cui viene osservata, così perpetuando i canoni della bellezza e della pressione, le giovani donne si sentono come "donne-oggetto".

Uno dei principali limiti di questo studio è che l'informazione è stata estratta tramite auto-report, quando ci sono attualmente programmi di "tracking" in grado di identificare l'ora in cui è connesso, quale servizio di rete è utilizzato e anche con chi è connesso, informazioni tutte più obiettive rispetto al precedente.

Va tenuto presente che, la popolazione studiata era composta da studentesse universitarie, quindi è necessario indagare su altre popolazioni prima di poter stabilire delle generalizzazioni al riguardo.

Nonostante quanto sopra, i risultati sembrano chiari, in quanto i "canoni sociali" vengono trasmessi e mantenuti nella rete, limitando così le possibilità offerte da Internet nella creazione e nel mantenimento di un'identità digitale, indipendentemente dalle "esigenze sociali" del luogo in cui si vive.

Qualcosa di preoccupante, poiché significa che nelle "società maschiliste", i valori che sono inculcati e imposti, continueranno a essere mantenuti tra i giovani, anche se sono in un mondo virtuale.

Come suggerito dagli autori dello studio, si tratta di un primo approccio a questo problema dell'immagine digitale tra i giovani, essendo necessario l'inserimento di nuove ricerche che siano in grado di spiegare meglio questo fenomeno, e servono anche a stabilire piani di prevenzione, in modo che l'immagine della donna come oggetto del desiderio non continui a diffondersi.

Da quando i social network hanno fatto irruzione nella vita dei giovani, si è verificato un nuovo fenomeno, quello della dipendenza da Internet.

Sebbene il fenomeno della cyberdipendenza sia recente, si è evoluto rapidamente, quindi i primi dipendenti da videogiochi o da Internet hanno trascorso ore e ore senza lasciare le loro stanze, non riuscendo a disconnettersi dai giochi di ruolo o da qualsiasi altro videogioco, per aggiungere più punti e aumentare la classifica mondiale; come se quella fosse la cosa più importante di tutte.

Da questi primi casi nacque il termine della sindrome "hikikomori", originariamente identificata in Giappone negli anni ottanta e novanta. I giovani affetti da questa sindrome, hanno letteralmente voltato le spalle alla società e si sono rifiutati di interagire con gli altri, se non attraverso i computer.

Qualcosa che a volte portava a una cattiva alimentazione e persino all'abbandono dell'igiene personale.

Un esempio del genere è stato osservato in misura maggiore o minore in tutto il mondo, dove lo schermo del computer diventa la "realtà" del giovane, non essendoci nulla oltre le quattro pareti della sua stanza.

Attualmente, e grazie a dispositivi mobili, come tablet, iPad, smartphone o telefoni intelligenti, non è più necessario stare a casa per connettersi a Internet.

Inoltre, l'incursione dei social network ha aumentato le possibilità di comunicazione, oltre ai videogiochi o alla chat di alcuni anni fa, che ha portato ad un aumento del numero di casi di dipendenza da

Internet, ma qual è la percentuale di dipendenti da Facebook?

Questo è esattamente ciò che il Dipartimento dei Sistemi Informativi e il Dipartimento di Fondamenti di Scienze Sociali e dell'Educazione, Facoltà di Scienze della Formazione, Università Tecnologica della Malesia (Malesia) insieme al Dipartimento d'Informatica e Tecnologia dell'Università Islamica Azad (Iran) i cui risultati sono stati appena pubblicati sulla rivista scientifica International Journal of Information and Education Technology.

Lo studio ha coinvolto quattrocentoquaranta studenti universitari con una media di 24 anni, di cui il 49% erano donne.

Sono stati valutati tutti usando la scala standardizzata per conoscere il livello di dipendenza da Facebook chiamato B.F.A.S. (Bergen Facebook Addiction Scale), è stato valutato anche il livello del locus di controllo dal L.O.C. (Locus of Control) e il livello di egoismo personale attraverso il Barron's Ego Strength Scale; inoltre sono state raccolte informazioni sulla religione e sull'origine dello studente.

I risultati riportano che i giovani hanno mostrato livelli molto elevati di dipendenza da Facebook, raggiungendo il 47% di essi, questo significa che quasi la metà degli utenti di Facebook erano dipendenti da questo social network.

Questi risultati vengono mantenuti nonostante l'origine (malese o non malese), la religione praticata (musulmana, cristiana, buddista, ...) e persino il sesso dei partecipanti.

Gli autori non valutano questi dati, né le implicazioni sulla salute mentale dei giovani, né sui loro rapporti sociali.

Uno dei limiti dello studio è che la selezione dei partecipanti è stata fatta tra coloro che usano abitualmente i social network, cioè, i risultati riflettono che tra gli utenti abituali si verificano questi alti livelli di dipendenza, ma non dice nulla riguardo quei giovani che non usano così spesso i social network.

Va tenuto presente che lo studio è stato condotto solo con studenti universitari, non essendo in grado di estendere i risultati al resto della popolazione, nemmeno ai giovani, poiché variabili così importanti come il livello socio-economico o la cultura del utenti di Facebook, aspetti che in questo studio non sono analizzati.

Sebbene gli autori dello studio abbiano optato per analizzare i livelli di Facebook, grazie alla popolarità di questa rete e al numero crescente di utenti, che è attualmente rappresentato da quasi due miliardi; non è stata eseguita un'analisi di confronto con altri social network per cercare di capire se si tratta di un fenomeno di Facebook, o di qualsiasi altra rete come Twitter o Google +.

Quindi si richiedono nuove repliche per essere in grado di fare degli accertamenti a tal proposito.

Inoltre, sarà necessario prendere in considerazione se i dipendenti da Facebook sono dipendenti esclusivamente da questo social network, o da altri o da tutti; si potrebbe parlar più di un "problema" con Facebook, di un problema di personalità individuale che si riflette nel loro uso di Internet.

Ma per conoscere la risposta a questa domanda, si deve migliorare lo schema, includendo domande sull'uso di altri social network e sulla loro frequenza d'uso.

Twitter

Uno dei principali problemi del professionista, caregiver o parente di un paziente affetto da disturbo dello spettro autistico deve essere correttamente informato. Mentre tutti noi possiamo avere alcune idee generali sull'autismo, fino a quando un parente non si presenta con questo problema, non c'è bisogno di approfondire la conoscenza sulla sua origine, i suoi trigger, l'evoluzione e soprattutto il trattamento.

Fino a pochi anni fa, era difficile avere accesso a queste informazioni specialistiche, anche per i professionisti che dovevano seguire corsi di aggiornamento per conoscere i progressi compiuti a tale riguardo. Le domande alle biblioteche hanno lasciato il posto agli annuari delle riviste, e da lì ai portali specializzati, ai siti web di fondazioni, federazioni e associazioni.

Oggigiorno, con lo sviluppo e la popolarità di Internet, essendo aggiornati sul tema di interesse, è diventato un compito relativamente più facile per qualsiasi professionista, badante o familiare di un paziente con disturbo dello spettro autistico, nonostante il fatto che sia necessario andare sui social network per rimanere aggiornati, che si tratti di Facebook, Google+ o Twitter, ma Twitter può aiutare il disordine dello spettro autistico?

Almeno così credono dal Centro per il riconoscimento e l'analisi dei dati dell'Unicersità di Deakin e dell'ICT Nazionale (Australia), che nel 2014 hanno presentato i loro risultati nel IEEE / ACM International Conference on Advances in Social Network Analysis and Mining.

In questo caso non ci sono i partecipanti, in quanto si tratta di un'analisi matematica dei tweets che sono stati inviati da Internet per alcune delle parole inglesi "autismo", "ADHD", "autismawareness", "asperger" e "aspie". In totale, sono stati controllati 944.568 tweet tra il 26 agosto 2013 e il 25 novembre dello stesso anno.

Il risultato principale riguarda la validità delle informazioni ad alto valore, emesse dalle pubbliche amministrazioni, che è condivisa attraverso Twitter in tema di Disturbo dello spettro autistico, prevalendo su queste informazioni, rispetto a quelle che possono essere generate da qualsiasi utente particolare.

Come indicano gli autori dello studio, questa è la prima volta che viene condotto questo tipo di ricerca, che apre le porte allo studio e all'analisi delle diverse psicopatologie attraverso i social network, per capire come si evolvono gli interessi delle istituzioni, parenti e caregiver di pazienti affetti da una o altra psicopatologia.

Ciò ha lo svantaggio che i dati sono solo descrittivi, ma non possono essere confrontati con nessun risultato precedente, il che consente di comprendere l'evoluzione dell'uso di questi concetti. Nonostante i risultati limitati, ciò che lo studio mostra è l'importanza che i social network stanno avendo sempre più, sia per i professionisti, i caregivers e i parenti dei pazienti con Disturbo dello spettro autistico, e non solo per essere aggiornati sulle ultime notizie riguardanti la ricerca, ma anche per condividere sentimenti riguardo a tutti i supporti tra gli utenti, il che rafforza il lavoro svolto dalle associazioni familiari dei pazienti.

Personalmente non ero a conoscenza di questo argomento dell'analisi di grandi quantità di dati da Internet, chiamati Big Data, quindi sono entrato in questo argomento, e ho capito che questo è ancora un campo inesplorato per la psicologia. Un'analisi di migliaia o milioni di dati in cui cercare modelli con cui comprendere e prevedere il comportamento umano.

Nell'ambito dell'impresa viene utilizzato per sapere come si comportano i propri clienti e utenti, per provare successivamente a prevedere il comportamento attraverso l'analisi statistica e quindi ottimizzare i profitti delle aziende. Da parte mia, mi interessa l'argomento della salute mentale, ho provato a sposarlo con i Big Data.

Per sapere di cosa si parla su Internet su questo argomento, ci sono diverse opzioni, il più semplice è quello di tenere conto del numero di gruppi o forum, ma questo sarebbe solo sapere dove si riuniscono gli interessati a ciascuno degli specifici argomenti di salute mentale.

Tuttavia per sapere cosa sta succedendo nella rete, è meglio farlo attraverso alcuni degli strumenti di comunicazione diretta più usati, come i microblogging e in particolare Twitter, così ho iniziato il mio primo studio con i Big Data per rispondere a Quanto si parla su Twitter di salute mentale?

L'analisi è stata effettuata sul traffico di Twitter rispetto al tema della salute mentale, tutti analizzati grazie alla collaborazione della società Cartodb. Per definire il concetto di salute mentale, sono stati scelti quattro termini tra i più rilevanti, due corrispondenti all'età adulta, relativi alle malattie neurodegenerative e due ai bambini, sui disturbi dello sviluppo: rispettivamente, morbo di Parkinson, morbo di Alzheimer, Disturbo da deficit di attenzione e iperattività e Disturbo dello spettro autistico. Ciò lascia fuori altre questioni altrettanto importanti, come quelle relative ai Disturbi dell'Umore, in particolare il Disturbo da Depressione Maggiore, o i Disturbi della Dipendenza o della Condotta Alimentare.

Per questo studio sono stati analizzati tutti i Tweet pubblicati durante un intero giorno della settimana precedente. Sono stati analizzati un totale di 11.500 tweet geolocalizzati in tutto il mondo, utilizzando il pacchetto statistico SPSS v. 22, di cui, la prima cosa che deve essere indicata è che c'è una diversa distribuzione in base al tema della conversazione. Pertanto, gli argomenti relativi alla salute mentale negli adulti erano il 56% (tremila cinquecento tweet sulla malattia di Alzheimer e tremila tweet sulla malattia di Parkinson); essendo il 44% relativo al soggetto nell'infanzia (duemila cinquecento volte il disturbo da deficit di attenzione e iperattività e duemila cinquecento sul disturbo dello spettro autistico).

Tieni presente che i termini di ricerca su Twitter sono stati fatti in inglese, utilizzando le parole chiave: "parkinson"; "alzheimer", "adhd" e "autism", quindi i risultati sono da prendere con cautela, soprattutto nei paesi non di lingua inglese, infatti, 8.171 tweet in inglese (71, 05%); rispetto a 1.252 in spagnolo (10,88%), che fa tra i due, l'82% del totale, oltre ad altre trentadue altre lingue in tutto il mondo.

Per quanto riguarda la distribuzione dei Tweet in ciascuno dei quattro termini di ricerca in base alla lingua, si informa che il 57% dei Tweet in inglese sono in tema di salute mentale dei bambini e il 43% di Tweet in salute mentale negli adulti.

Nel caso della lingua spagnola, il 99% dei tweet corrispondeva alla salute mentale negli adulti, poiché i termini di ricerca sono usati allo stesso modo sia in spagnolo che in inglese. Al contrario, i rispettivi termini di salute mentale dei bambini sono diversi, quindi la loro bassa percentuale. Da notare che, all'interno della salute mentale negli adulti, il 72% corrisponde al tema dell'Alzheimer, mentre il 37% corrisponde al tema del morbo di Parkinson.

Come nel caso dello studio precedentemente menzionato, poiché si tratta di una forma di ricerca innovativa, non esistono ancora studi sufficienti per effettuare un confronto, pertanto, si necessita di una nuova ricerca prima di poter trarre conclusioni.

Per quanto riguarda il modo in cui usiamo Twitter, trascrivo l'intervista che ho condotto su questo argomento con il dott. David Lavilla Muñoz, professore di comunicazione digitale e nuove tendenze presso l'Università europea:

- Cos'è #informetwitter e qual è il suo obiettivo?

L'#informetwitter è una ricerca, con registrazione all'OTRI, effettuata dall'Università Europea di Madrid insieme a due società esperte di Internet e di Social Network, per sapere come si comporta l'utente di questo microblog. Pertanto, l'UEM e le aziende Rediability and Influence hanno tratto conclusioni su quale sia il modo più efficace per comunicare e partecipare a questo social network da tre metodologie qualitative: Eye Tracking e Valutazione emozionale, e analisi morfologica e sintattica dei messaggi.

- Come nasce #informetwitter?

Nasce da un'idea iniziale dell'azienda Redbility per conoscere meglio l'utente di questo social network e aiutare le aziende a gestire lo strumento Twitter, e comunicare meglio attraverso questa piattaforma.

- Quante persone collaborano con #informetwitter?

In questa ricerca, in totale hanno collaborato più di cinquanta. Tra questi, spiccano gli utenti avanzati di

Twitter, i professionisti di Redbility, quelli di Influence e quelli dell'Università Europea di Madrid.

- Come si lavora su #informetwitter?

La società Redbility si è occupata degli strumenti tecnologici necessari allo svolgimento dello studio, al fine di proporre la sua successiva analisi della stessa estrazione dei dati. Influezia, ha portato la conoscenza di utenti esperti nell'uso e nella gestione del social network e del Master in Digital Journalism e Social Networks dell'Università Europea di Madrid, il sigillo di qualità universitaria, la sua certificazione e l'impegno a generare analisi accademiche da dei dati ottenuti.

- Qual è la popolazione oggetto di studio su #informetwitter?

Redability ha utilizzato tecniche qualitative diverse per analizzare il campione - che consisteva in trentacinque partecipanti divisi in utenti esperti (heavy users) e utenti medi (medium users), - e analizzare le loro informazioni. Tra le tecniche c'erano: l'osservazione diretta, l'analisi emotiva, l'analisi morfosintattica e l'eyetracking. Il tema dello studio era diviso, in base al suo dispositivo d'uso. Tutti questi utenti sono stati estratti dal database gestito da Influenza, azienda leader in Spagna, come utenti esperti, con copertura mediatica su Internet, di un universo di centotrenta utenti con le caratteristiche richieste per effettuare uno studio su questo fine.

- Quali sono i risultati raggiunti da #informetwitter?

I risultati, in modo più completo, possono essere

visti su questo indirizzo: http://www.redbility.com/downloads/Conclusiones_so bre_la_investigacion_del_comportamiento_de_los_usuari os_en_Twitter.pdf. Tuttavia, tra i più significativi troviamo:

a. Che Twitter alimenta l'ego personale.

b. Che l'attesa nell'apertura dei link genera ansia.

c. Che non funziona un tweet con abbreviazioni e non strutturate.

d. Che se si usa umorismo e ironia, il tweet avrà più successo.

e. Che se si scrive bene si comunica meglio.

f. Che i tweet inviati alle prime ore del mattino sono quelli più letti.

- Quali sono gli obiettivi da raggiungere in futuro da #informetwitter?

Il gruppo #informetwitter presenta ora una tesi di dottorato che si occupa della reputazione online svolta dal professore dell'Università Europea di Madrid Mercedes Agüero Pérez. Si cerca di verificare che tutto questo boom virtuale nella comunicazione aziendale non comporti rischi, perché l'utente di Internet può entrare in conversazione con altri utenti o aziende in modo orizzontale, senza gerarchie; e in questo modo beneficia o danneggia la sua reputazione. In questa tesi, inoltre, si è cercato di fare una serie di raccomandazioni alle aziende, per cercare di promuovere la gestione della propria reputazione sulla base di parametri comuni osservati negli utenti avanzati di questo social network.

CAPITOLO 6. PSICOTECNOLOGIE

La tecnologia non è utilizzata solo per connettersi, condividere o commentare, può essere utilizzata anche per avvicinare la terapia al domicilio di ogni persona, senza doversi spostare, è quello che viene chiamato psicoterapia online o virtuale.

Questa è un'opzione che sta avendo sempre più seguaci, specialmente nel pubblico più giovane, perché consente loro di riconciliarsi giorno dopo giorno con la terapia psicologica senza uscire di casa.

Nonostante la riluttanza di alcuni professionisti della salute e le limitazioni sull'osservazione del comportamento non verbale del paziente da parte dello specialista, i vantaggi sono indubbi.

Secondo la mia esperienza accumulata negli ultimi anni, il paziente si sente molto meno in imbarazzo quando si parla e si condivide, se è vero che il comportamento non verbale possa diminuire, tuttavia l'aggiunta di strumenti come la webcam con videochiamata pone rimedio in parte alla difficoltà, i risultati sono gli stessi di quelli che si possono ottenere nella consultazione faccia a faccia.

Finora abbiamo visto come i mezzi tecnologici hanno un'incidenza diversa tra gli utenti, v'è ancora un campo da commentare, è cioè quando la tecnologia per la progettazione e realizzazione di software specifici per il trattamento di alcune psicopatologie è usato per accompagnare e aiutare la formazione di determinate abilità e capacità.

Esistono molteplici applicazioni tecnologiche progettate per il campo della psicologia, da quelle che cercano di portare a casa la terapia, attraverso la psicoterapia online, a software creati per aiutare il trattamento dei pazienti o nella formazione di alcune abilità cognitivi, come la memoria.

Una delle più grandi incidenze cognitive sulla vita è quando viene influenzata la memoria di lavoro, poiché questo causa grandi problemi quando si tratta di lavorare, danneggiando la propria autonomia. La memoria di lavoro è quella che consente di lavorare nel qui e ora, ricordando cosa deve essere fatto, per seguire un obiettivo o un compito.

Se la memoria di lavoro è danneggiata, la persona si può trovare totalmente "persa" perché avvia un'attività, come andare a comprare il pane, e rimane a metà strada "in bianco" su dove stava andando e perché. Allo stesso modo, quando viene mantenuto un dialogo con un'altra persona, è necessario quel tipo di memoria per seguire il "filo" della conversazione. Se si danneggia questa capacità, ben presto la persona si "perderà" e non saprà di cosa si sta parlando, o tenderà a ripetere gli stessi argomenti più e più volte, perché non si ricorda se qualcuno l'ha detto prima.

Il danneggiamento della memoria di lavoro si verifica sia con il normale invecchiamento della persona che a causa di alcune psicopatie, come il morbo di Alzheimer, ma è possibile vedere anche dei casi in giovani affetti da A.D.H.D. (Disturbo da Deficit di Attenzione/Iperattività), dove alcuni autori sostengono che il miglioramento della memoria di lavoro, i bambini con A.D.H.D. migliorano significativamente la loro capacità di concentrazione e di attenzione sostenuta, essendo in grado di mantenere livelli simili al resto dei loro coetanei.

Come vediamo, è importante sapere in cosa consiste la memoria di lavoro, ma soprattutto sapere se è possibile allenarsi in modo soddisfacente quando si è constatato che inizia a cedere.

Questo è esattamente ciò che si è tentato di scoprire con uno studio condotto congiuntamente dall'Università dell'Oregon, l'Università Tecnologica della Louisiana, dall'Università della California e l'Istituto Tecnologico Rose-Hulman (USA), i cui risultati sono stati pubblicati nella rivista scientifica Journal of Behavioral and Brain Science.

Lo studio ha coinvolto trenta giovani di età compresa tra i 18 ei 31 anni, che sono stati assegnati a uno dei seguenti tre esperimenti: Valutazione iniziale; Esperimento di formazione; Valutazione di Trasferimento. Tutti questi esperimenti sono stati eseguiti mettendo il soggetto davanti allo schermo del computer mentre gli veniva chiesto di eseguire un compito che riguardava la memoria di lavoro.

Nella fase di formazione, ha partecipato solo la metà dei soggetti che erano stati addestrati per due ore al giorno per dodici settimane. Alla fine dello stesso, tutti i partecipanti, con e senza allenamento, sono passati attraverso la valutazione del trasferimento per verificare se vi fossero differenze tra loro.

I risultati riportano che nel primo esperimento non vi erano differenze tra i due gruppi, mentre nella fase di valutazione del trasferimento, hanno mostrato miglioramenti significativi nel gruppo che ha ricevuto una formazione specifica sulla memoria di lavoro.

Oltre alle misure comportamentali precedentemente discusse, la ricerca ha raccolto l'attività elettrica del cervello che mostra come i partecipanti formati avessero una maggiore attività nelle aree prefrontali del cervello, proprio dove è stato osservato un coinvolgimento della memoria di lavoro.

Sebbene lo studio sia stato condotto con pochi partecipanti, sembra indicare positivamente i benefici attesi, migliorando significativamente la memoria di lavoro in sole 24 ore di formazione.

Sulla base di quanto sopra, ancora è necessario adattare i materiali sperimentali utilizzati, per il loro uso nelle diverse popolazioni a cui si vogliono applicare, al fine di essere in grado di garantire la loro efficacia nei giovani e nei meno giovani. Visto che si suppone una svolta, sapere che con un "piccolo" allenamento è possibile recuperare una capacità cognitiva tanto importante e fondamentale nella vita quotidiana quanto la memoria di lavoro.

Questo può essere un esempio di come la progettazione scientifica del software di formazione di determinate abilità cognitive offra garanzie in termini di risultati attesi.

Per alcuni anni, si è diffusa l'idea sbagliata che l'Alzheimer può essere prevenuta facendo pratica circa venti minuti al giorno con i programmi di allenamento del cervello. Tra i sostenitori di questo parere sono, ovviamente, i progettisti e i creatori di questi programmi di formazione.

Al momento non ci sono App e software per tablet venduti come panacea per la salute mentale. Difendendolo, proprio come quando si va in palestra per mantenersi in forma con esercizi regolari e periodici, ugualmente esercitarsi per quindici o venti minuti al giorno con uno dei suoi programmi, mantiene in forma la propria mente.

In realtà, si basa questa teoria su alcuni studi che convalidano l'efficacia di fare qualcosa di fronte a non fare nulla. Pertanto, sono stati sviluppati molti programmi per computer per la memoria, l'attenzione, la perfezione o per qualsiasi altra capacità cognitiva che si possa allenare. In alcuni casi si tratta di incorporare le tradizionali sessioni di allenamento neuropsicologico nel computer. I programmi più recenti vengono venduti adattati al livello di prestazioni di ogni persona, ma i programmi di allenamento mentale sono utili per la lotta contro l'Alzheimer?

Dalle scuole professionali di psicologia e dai centri di ricerca degli Stati Uniti, è stata messa in discussione l'efficacia e l'affettività di questi programmi. È stato notato che la mancanza di rigore scientifico nella loro progettazione e il fatto che non hanno un professionista per supervisionarli, rendono impossibile verificare l'efficacia dei pazienti. Inoltre, si avvertono dei susseguenti pericoli derivanti dall'abbandono di altre pratiche salutari, concentrandosi esclusivamente sui presunti benefici di questi programmi, come accadrebbe se qualcuno tentasse di seguire una dieta attraverso l'assunzione di pillole, senza fare nulla per controllare la quantità e la qualità di ciò che si mangia, o senza fare anche un piccolo esercizio quotidiano.

Sapendo che, nel caso delle malattie neurodegenerative come l'Alzheimer, dove esiste una base biologica per il deterioramento a livello neuronale, non è stata dimostrata l'efficacia di questi programmi, dando false speranze a pazienti e familiari su un prodotto che inizialmente non è progettato combattere il morbo di Alzheimer.

Ecco perché dobbiamo sapere fino a che punto si tratta di un "gioco mentale", che serve per intrattenere e mantenere alcune capacità cognitive, ma con un'efficacia abbastanza limitata. Andare a fare una passeggiata, leggere libri o avere una buona conversazione con un parente o un amico, hanno una maggiore incidenza sul cervello rispetto ai giochi di allenamento mentale.

Pertanto, a questi nuovi sviluppi si deve attribuire il loro giusto valore, sapendo che quando si verifica la malattia, dovrebbero essere seguite le indicazioni dello specialista e non si dovrebbero cercare "scorciatoie" o usare strumenti che non siano sufficientemente convalidati.

Quanto segue è un'intervista con Dott.ssa

Daniela Galindo Bermúdez, Presidente di Hablando con Julis: la solución para la comunicación y el aprendizaje de personas con discapacidad.

- Che cos'è Hablando con Julis e qual è il suo obiettivo?

Hablando con Julis, è un'istituzione senza scopo di lucro che crea la soluzione di comunicazione e apprendimento per le persone con disabilità.

La base dello sviluppo di ogni persona sta nella comunicazione, se non si possono esprimere i bisogni, i sentimenti o i pensieri non saranno compresi prima che il mondo esterno limiti l'accesso a spazi educativi, lavorativi e sociali.

Hablando con Julis è la soluzione affinché chiunque possa comunicare i propri desideri a un'altra persona senza problemi di comprensione. Tutto attraverso immagini, voci, parole e video della Lingua dei Segni.

Comunicare non è solo parlare, è anche leggere e scrivere. Molti dei nostri utenti hanno difficoltà a parlare, a leggere e/o a scrivere, ma grazie a Hablando con Julis hanno trovato quello strumento che rafforza quei bisogni in base alle loro capacità.

- Com'è nata Hablando con Julis e a chi è rivolta?

Hablando con Julis nasce da una sfida personale. Mia sorella Julis, ha una disabilità a parlare. Ascolta perfettamente, ma non parla. Fin dalla tenera età ha imparato a comunicare attraverso la lingua dei segni, ma cosa accadrebbe se volesse dire a sua nonna qualcosa? O se volesse comprare qualcosa? NESSUNO LA CAPIREBBE PERCHÉ NESSUNO IMPAREREBBE LA LINGUA DEI SEGNI PER LEI.

Mio padre, che era un po' irrequieto di fronte a questa difficoltà, ha deciso di creare uno strumento che le consentisse di comunicare con qualsiasi persona e che chiunque potesse comunicare con lei, e questo è il risultato di Hablando con Julis.

Oggi la nostra soluzione viene utilizzata da persone con Sindrome di Down, Autismo, Paralisi Cerebrale, Deficit Cognitivo, Non udenti, Sordo-Ciechi e persone che a causa di una malattia o di un incidente hanno perso la capacità di parlare.

- Si richiede una capacità minima per utilizzare Hablando con Julis?

Hablando con Julis non richiede alcuna capacità minima per usarlo. A seconda dei casi, la soluzione viene adattata in modo che possa essere utilizzata. Ad esempio:

a. Le persone che a causa di difficoltà motorie non hanno la possibilità di utilizzare un computer. Ogni persona è diversa, quindi analizziamo il modo migliore per avvicinarsi alla squadra. Esistono aiuti esterni come l'hardware che facilita l'uso del computer come per esempio, Giant Mouse, Licornios, Pulsadores. Se questo non funziona, abbiamo lavorato con l'aiuto di qualcun altro in cui l'utente personale indica (indipendentemente dal modulo) l'immagine che desidera selezionare e l'assistente della persona sceglie e lo sceglie per lui.

b. Persone che hanno difficoltà a sincronizzare l'uso del mouse: oggi ci sono diversi computer "touch" che eliminano l'uso del mouse. Se non c'è la possibilità di averne uno, c'è la possibilità di avere un aiuto esterno per collaborare nella scelta del vocabolario da comunicare. Nella nostra esperienza, persone che abbiamo trovato senza la gestione del mouse, con attività di interesse in relazione alla loro comunicazione e ai loro gusti, abbiamo raggiunto il risultato che in un mese hanno lavorato con il team completamente da soli.

Per Hablando con Julis, la disabilità non è un limite, è solo un modo diverso di fare le cose. Ci sono sempre mille modi per fare ciò che viene proposto, abbiamo solo bisogno di un po' più di dedizione e impegno per raggiungere gli obiettivi proposti.

- A cosa contribuisce Hablando con Julis rispetto ad altri software per la riabilitazione neurolinguistica?

Hablando con Julis consente la comprensione (decodifica) del linguaggio in forma più chiara e vicina alla persona, attraverso la relazione che c'è con l'immagine, la parola e la voce; avendo la capacità di osservare, ricordare e mettere in relazione questi tre pilastri attraverso l'uso di Hablando con Julis.

A livello di espressione, la persona ha la possibilità di trovare più facilmente le immagini-parola che ha bisogno di comunicare. Tutti pensiamo a ciò che vogliamo comunicare attraverso le immagini, che quando pronunciate diventano parole. Hablando con Julis, per chi presenta difficoltà nella comunicazione orale, diventa il metodo facile, pratico ed efficace che permette di esternare l'immagine mentale nell'immagine del software, permettendo di capire meglio anche ciò che il vostro interlocutore vuole dirvi.

Nel caso di imparare a leggere e scrivere, oltre al vantaggio di avere immagini, parole, voci e segni (per gli utenti di questi); la visualizzazione delle cornici colorate che accompagnano i diversi gruppi di parole, danno alla persona una migliore comprensione della struttura grammaticale, permettendogli di scrivere, di essere consapevole dell'uso corretto degli elementi grammaticali e dell'intenzione del testo (per esempio, se si tratta di una domanda, un'affermazione, un'ammirazione) e da leggere, tenendo presente l'organizzazione delle parole e quindi la comprensione del messaggio.

- In base a quali sistemi funziona Windows, Mac, Linux? Ha abbassato il significato di PC, Tablet, Smartphone?

Hablando con Julis funziona con i sistemi operativi Windows ed è installabile su computer.

- Quali sono i risultati di Hablando con Julis?

Hablando con Julis ha raggiunto più di quattromila duecento persone in America Latina che oggi beneficiano di una comunicazione diversa ed efficiente. Sono persone che vengono incluse nelle loro famiglie, nelle loro istituzioni educative, lavorative e sociali.

D'altra parte, Hablando con Julis ha avuto un grande riconoscimento nazionale e internazionale:

Nel 2013 abbiamo ottenuto il secondo posto in un premio organizzato da Cisco Systems a livello internazionale. Il premio "Connecting the Unconnected" ci ha regalato il Primo Posto come migliore Storia e il Secondo Posto a livello Generale.

Sempre nel 2013, abbiamo ottenuto una menzione d'onore dal Ministero della Cultura della Colombia nel laboratorio C3+d.

Nel 2014, siamo stati nominati finalisti della Coppa del Mondo dell'Imprenditorialità: MassChallenge, che è organizzata a Boston, negli Stati Uniti; e quelli che riuniscono le centoventotto aziende nel mondo con il maggior potenziale di crescita, impatto e innovazione.

- Quali sono gli obiettivi da raggiungere in futuro con Hablando con Julis?

I nostri obiettivi:

* Raggiungere tutte le persone che hanno bisogno di Hablando con Julis per trovare quella soluzione di comunicazione e apprendimento.

* Creare un impatto sociale in cui le persone non considerano la disabilità come qualcosa di limitante, ma come un modo diverso di fare cose che conducono a risultati dove hanno le stesse opportunità educative, lavorative e sociali.

* Cambiare la percezione della disabilità attraverso risultati visibili e fattibili per una vera inclusione sociale.

Questo è possibile solo grazie al supporto di persone e aziende che decidono di supportare Hablando con Julis per offrire la soluzione completa a tutte le persone.

Ma le applicazioni specifiche non sono solo lì, ma ora si sta studiando, in modo sperimentale come incorporarle nella vita della persona ovunque si trovi.

Tale è il caso dei dispositivi mobili o della robotica, come discusso di seguito.

Uno dei maggiori sforzi al momento è rivolto al trattamento del morbo di Alzheimer che cerca di rallentare il processo degenerativo.

L'inversione degli effetti dell'Alzheimer è prevista e auspicabile dai ricercatori e dai parenti del paziente, ma quando si tratta di strutture danneggiate, come nel caso dei neuroni, è molto difficile ottenere il recupero, nonostante ciò, alla fine si cerchi la cura dell'Alzheimer.

Questo è il motivo per cui vengono sviluppati i farmaci e si stanno esplorando diversi tipi di trattamenti, come la genetica, alla ricerca di una "soluzione" che offusca il progresso di questa malattia.

Nel frattempo, sono state sviluppate una serie di tecniche neuropsicologiche per compensare le carenze che causano progressivamente la malattia di Alzheimer.

Negli ultimi anni, e grazie al progresso e all'espansione della tecnologia, sono stati sviluppati programmi o App per automatizzare alcune delle attività svolte dal neuropsicologo nella neuroriabilitazione.

Allo stesso modo, e da altri rami come l'ingegneria, hanno cercato di contribuire con i loro progressi nel migliorare la qualità della vita del paziente, come succede con la robotica, che diventano veri assistenti automatici che incorporano programmi con cui stimolare il pazienti con malattia di Alzheimer, ma i robot sono buoni per curare l'Alzheimer?

Questo è ciò che si sta cercando l'Istitudo di Riabilitazione di Toronto, l'Università di Toronto (Canada) e l'Università del Massachusetts Lowell (USA), i cui risultati sono stati presentati al 5° Workshop di S.L.P.A.T. (Speech and Language Processing for Assistive Technologies) e pubblicato nei ricordi di detto congresso.

Lo studio ha coinvolto dieci adulti di età superiore ai 55 anni, di cui sei erano donne, tutte con diagnosi di malattia di Alzheimer. I partecipanti hanno ricevuto un robot tele-assistito, con uno schermo al plasma incorporato in cui sono apparsi diversi messaggi per il trattamento dell'Alzheimer, questi erano piccoli compiti che i pazienti dovevano svolgere, comuni nella neuroriabilitazione. Le istruzioni, oltre a essere lette sullo schermo, venivano lette dal computer attraverso un programma T.T.S. (Text-To-Speech).

È stata eseguita una valutazione, precedente e successiva dell'assistente robotico, per verificare i suoi effetti su uno dei fattori affetti dal morbo di Alzheimer, come il linguaggio, in particolare per quanto riguarda il riconoscimento vocale. C'è stato un significativo aumento nel riconoscimento vocale delle frasi corte e lunghe, estratto dopo un colloquio sia con il paziente che con il caregiver.

Sebbene i risultati siano chiari in termini di benefici derivanti dall'uso di robot opportunamente programmati, vi è ancora la necessità di ridurre il costo di questi robot in modo che possano essere disponibili a qualsiasi membro della famiglia, al fine di estendere il trattamento dell'Alzheimer a tutti coloro che ne hanno bisogno.

CAPITOLO 7. CONCLUSIONI

L'ambito di studio della psicologia copre qualsiasi attività umana, per capire come viene prodotta e quale influenza può avere sulla tua vita, pertanto l'inclusione di un'attività sempre più frequente negli adulti e nei giovani, l'uso di Internet diffuso e intenso, soprattutto in termini di gestione dei social network.

Aspetto che in breve tempo ha cambiato il modo di "vedere il mondo" e di interagire con gli altri, aprendoci a nuove possibilità mentre ci si prende cura dei nuovi pericoli della rete, come il cyberbullismo o l'abuso informatico.

In questo e-book sono stati affrontati gli aspetti più importanti dell'incorporazione della tecnologia alla vita degli utenti da un punto di vista psicologico.

Una nuova prospettiva, in cui viene esaminato il ruolo dell'individuo in questo cambiamento e in che modo sta trasformando il loro modo di pensare e le loro relazioni sociali.

Questo è il primo libro di una collezione che cerca di esplorare in profondità l'influenza della tecnologia nel mondo psicologico da diverse prospettive.

Un tema così nuovo che a malapena si trovano scritti, essendo questo il primo libro pubblicato in spagnolo e in italiano nel mondo sulla Cyberpsicologia.

www.ingramcontent.com/pod-product-compliance
Lightning Source LLC
LaVergne TN
LVHW052310060326
832902LV00021B/3795